LA MAGIA DE EDUCAR.

El manual que los papás deben tener!!

Berta Mariñas de García

Debo agradecerles a

Dios,

Por la inmensidad de su mágico amor.

A Félix y Bolivia,

Los magos medievales.

A Jamy y Any,

Mis compañeras de pociones.

A todos aquellos que han hecho magia en mi vida, aún sin saberlo...

Dedicado a

Jose Félix   y Ana Gabriella,

Mis mágicos motivos de seguir,

y

Euclides Gabriel,

Mi cómplice de ilusiones...

Contenido

Del cómo empezó todo.

Es curioso como a veces pasa el tiempo y aquellos proyectos quedan inconclusos o nunca existentes…Así empezó este intento de manual.

Cuando eres educadora, todos ven en ti un soporte "psicoeducativo" para sus problemas y muchas veces, aunque quieres resolverlos, no tienes idea por qué te preguntan sobre problemas que solo ellos pueden resolverse a sí mismos. Y ciertamente, luego de escuchar, algunas veces percibes que le diste "paz a su alma", con solamente prestar un poquito de atención. Entonces te dan las gracias, el abrazo y a continuación el bien intencionado consejo: ¡Deberías hacer un manual! La primera vez, es un ¡Wao, Gracias! Y vuelve y pasa; sigue pasando, lo escuchas de nuevo y empiezas a creer que deberías…

Pues bien, llega un punto en el que te llenas de valentía y dices, claro que puedo hacer un manual! Y Eureka! Helo aquí. Una compilación de lo que los errores, desaciertos, muestras de inexperiencia y suerte, logran en la vida de una madre. Espero no decepcionar a todos aquellos que detrás de un consejito, o una simple frase de "Tienes toda la razón", me pidieron muchas veces: ¿Por qué no escribes un Manual?

Un par de años trabajando con chicos adolescentes, otros pocos con niños de primaria, unos más con nenes preescolares y súbitamente, al tener hijos y saber las teorías siempre concluyes lo mismo, y ¿la práctica? Así es señores, la teoría siempre refleja lo importante del conocimiento, pero en temas de paternidad, no hay nada mejor que la ¡praxis!

Debo reconocer sin embargo, que el principal motivo de esta obra, no es otro sino contribuir un poco con la sociedad de este siglo, especialmente mis hijos. Un buen día sentada ante unos resultados médicos me pregunté a mi misma: Y si llegases a faltar, ¿Quién le enseña a tus hijos cómo ser "buenos padres"? Después de todo, los aciertos y desaciertos en estos 12 años como madre, son en gran medida, aportes de una hermosa tradición oral que revelan los padres a los hijos, o por lo menos, así fue en mi caso. Me preocupaba mucho en esos días, quién le diría, en mi ausencia, a mi hija: "Agárrale bien la cabecita", o "hazle el té de anís para los gases" o "háblale con amor, no lo castigues"… Entonces, empecé a plasmar lo que hasta ahora, han sido mis aprendizajes con base en experiencias buenas, regulares y digamos…no tan buenas, con el único propósito de ¡colaborar!

Me preocupa enormemente ver como cada día es más frecuente la toma de decisiones equívocas por parte de la juventud. Los embarazos prematuros, la estadística de divorcios, el aumento de instituciones como asilos de ancianos, reformatorios juveniles, centros de rehabilitación para adictos…en fin. Es una estructura social en decadencia que está impactando de manera negativa el desarrollo de la humanidad, siendo la formación o "mal formación" del individuo, la génesis de los problemas.

Convencida que está en la familia, no sólo la base de la sociedad, sino el lugar por excelencia de formación del ser, me convencí que el mínimo esfuerzo que se haga por aconsejar y acompañar a las nuevas generaciones, es mejor que no hacer nada y seguir lamentándonos ante la afanada pegunta: *¿hacia dónde va la sociedad?* No podemos seguir preocupándonos de un cúmulo de personas con tendencias, culturas idiosincrasias, etc. Diferentes, ¡no! Solamente debemos preocuparnos por nosotros mismos, ser responsables de mi función, mi espacio y mi esencia dentro de esa sociedad. Tengo que preocuparme de mi responsabilidad social en la formación y crianza de mis hijos. La pregunta entonces es: *¿Qué clase de hijos quiero darle a la sociedad? ¿Qué clase de hijos quiero tener?*

Los años desgastantes de la universidad, no te proveen del cúmulo de acciones requeridas para el desarrollo ideal del "arte-magia" de criar hijos y ya sea como gerente educativa, como maestra, o como consejera, siempre es frecuente escuchar al padre o madre que luego de dos horas de escuchar cositas no tan lindas sobre el nene, concluye diciendo: "Si hubiera un manual fuera más fácil". Y sí, claro que ayudaría que cada bebé trajera junto al pan, su *"Manual de Dudas al Instante"*, pero ¡adivinen! No es así, por ende lo que pretendo de este manual, su manual; no es otra cosa que compartir mi experiencia como mamá, amiga, tía, hermana, docente, y administradora educativa.

Aun así, estoy segura que u ocuparemos muchas páginas, o nos tocará hacer varios tomos, porque la magia de educar nenes, es eso… ¡MAGIA! Se imaginan que se pudieran meter los hechizos de Merlyn, Gandalf, Potter, Dynamo, Copperfield, o Cris Angel, todos en un solo manualcito? Y lo complicado estaría en pensar que la magia resulta leyendo, sin ¡practicar! Así que si piensas leer los secretos ocultos de este manual, sin ponerlos en práctica, es mejor que cierres de una vez y sigas construyendo a base de errores, lo que podría convertirse en una vida miserable de padres de adolescentes disruptivos, malcriados o egoístas; o perpetúes tu vergüenza tras las majaderías de tu bebecita, porque la Magia, sin práctica JAMÁS funciona, y que conste, que a pesar que practiques y seas el mejor, aun así, pueden haber errores, sino, pregúntale a Houdini!!!!

CAPÍTULO I.

El origen de los tiempos...

****

"La magia es tan vieja como el hombre y nadie acertaría en señalar su origen, de la propia suerte que no cabe computar el nacimiento del primer hombre." Helena Blavatsky

****

Educar a los hijos es como encontrarse con una caja de Pandora, no tienes idea que pasará una vez los tengas! Sale entonces la abuela perfecta (maga medieval) que no te permiten vivir tu experiencia porque "esta juventud no sabe nada!", o "deje mamita que así no es…", o simplemente ni siquiera te explican por qué el anís es bueno para los gases, pero simplemente es así. Paso número 1: ¡Asúmelo!

Los hijos vienen con esa carga de interés, preocupación y excesivo orgullo de los abuelos, ante semejante belleza. Ellos no desean estar por encima de ti (aunque no es lo que parece), por ende, hazlos tus socios de crianza. Escucha sus consejos (aunque no los sigas, nunca ¡discutas!), recuerda que después de todo, la experiencia mata tiempo. Pero lo más importante, es tener claro, que los abuelos, te criaron a ti y a tu pareja y si están juntos, es porque no lo hicieron tan mal. Abuelos amorosos, son la conexión al pasado familiar, el anclaje a las costumbres y tradiciones y la base esencial de la autoestima del niño. ¡Aprovéchalos! Independientemente de cómo sean los abuelos siempre te proporcionarán oportunidades de aprendizaje para tus hijos. Ellos desconocen la diversión que generan los videojuegos, por ende, siempre le darán prioridad a las muñecas, las pelotas y los cuentos. ¿Es eso malo para ti? No creo.

Si nos remontamos a la antigüedad, los magos medievales eran considerados los "custodios del legado", del conocimiento y la sabiduría familiar.   Siendo así, los abuelos son esa "ancla" al pasado familiar, ese pasado que adicional al árbol genealógico, viene cargado de historias amenas, tradiciones familiares y el desarrollo de las habilidades sociales que solo los abuelos pueden hacernos recordar y revivir. No subestimes nunca el alcance de la presencia de los *magos medievales* en la vida de tu hijo.

Para desarrollar esta hermosa relación, necesaria para tus hijos, lo más importante es conversar. Ciertamente los abuelos son esenciales, pero los padres somos nosotros. No son negociables las normas que papá y mamá indiquen; sin embargo, si los abuelos a pesar de ser *magos medievales*, no leen la mente. Por lo que, lo más recomendable es dialogar abiertamente sobre lo permitido y no permitido en el hogar. Como todos queremos lo mejor para los niños, debemos ponernos de acuerdo en cuanto a que consideramos "lo mejor".

Es un ciclo que inicia en la información de nuestros sentimientos, la comunicación de nuestras normas, el conocer la opinión de los abuelos (nunca esa opinión es buena o mala, es solo su opinión), que los abuelos conozcan a sus nietos para finalmente, poder colaborar asertivamente.

Ahora bien, este ciclo es eficaz, cuando como padres, hemos asumido nuestro rol y no esperamos que sean los abuelos quienes críen. Si los abuelos tienen que criar, quedándose más de ocho horas diarias con nuestros hijos, el ciclo se ve alterado.   Estos periodos extendidos de cuido, generan la obligación de "entregar" nuestra *varita mágica* a los abuelos, y con ella, nuestra autoridad y decisión se ve mermada.   El que los abuelos interfieran directamente en la guarda crianza de los nietos, implica dotarles de mayor cantidad de autoridad, estrategias y comunicación.

Pero bueno, dejando las flores de los abuelos atrás, lo cierto es que todo tiempo pasado fue mejor. ¿Quieres una prueba? Te daré varias y presta mucha atención:

1. Los abuelos criaban con el concepto de: "En esta casa mando yo", lo cual sin

duda, te ofrecía una línea directa de jerarquías, te permitía aclarar los roles dentro del hogar y era la premisa directa de a quién había que respetar; lo cual establecía en los infantes, el sentido de protección.

2. Las abuelas, expertas con la chancleta, las empleaban más como búmeran que como chanclas y sí que era un modificador conductual!! No soy pro maltrato al menor, pero lo justo es justo. La línea de respeto a los padres (o a las chancletas) te impedía ir más allá de lo que las buenas costumbres permitían.

3. Los abuelos JAMÁS sintieron arrepentimiento de un castigo, es más, te convencían que lo hacían por amor (y que lo merecías). Esta sana relación de yo – padre, tú – hijo, no era negociable. El papá o la mamá corregían por amor. Ahora me preocupa la errada percepción que debemos estar del mismo lado para manifestarnos amor.

¡Error! Decía entonces Bolivia, mi sabia madre, que a mayor claridad, mejor amistad!

4. Nunca pidieron un manual de crianza, las cosas se hacían a su manera y ¡ya! En parte guiados por el instinto, el poder mantenerse más tiempo en casa les permitía a los padres enterarse de los pequeños detalles, mantener más y mejores conversaciones con sus hijos y la mejor parte, no tenían que delegar funciones a la nana. Quién podría aconsejarles de algo, si estaban enterados de ¡todo!

Puedo seguir, pero el objetivo es analizar cómo desde el origen del tiempo, los padres gozan de los poderes mágicos necesarios para generar gente de éxito, pero ¿qué pasó? Pues bien, decidimos las nuevas generaciones, abandonar la magia de ser padres, por la vulgar sensación de ser sus amigos, la buena noticia es que podemos reestablecer nuestro poderío, solo debemos querer lograrlo!

¿Cómo empieza entonces esto de criar gente exitosa? (nos saltaremos el asunto de la cigüeña y bla bla bla) porque esto se pone interesante despés la concepción. ¡Oh sí! Una vez reconocemos nuestro cuerpo cambiante por un embarazo, debemos aprovechar para determinar los entornos y aspectos externos que permitiremos estimulen a nuestro bebé. Muchos teorizadores pueden probar que desde el feto, el hombre tiene en su esencia la capacidad de razonar sobre aquellos estímulos que le rodean. Siendo así, te regalo los datitos que en lo personal, hacen la diferencia entre magia pura y un poquito de suerte:

o Nunca subestimes la inteligencia de tu hijo. Esa micro personita desde las 4 semanas tiene un corazón que late y que seguro interactúa con el entorno de mamá. Ten en cuenta que todo lo oye, todo lo ve y todo lo siente. Se amable y protector durante el embarazo y tendrá una autoestima de campeón!

o Nada de bocadillos nocturnos en el embarazo. El hambre que le sacies dentro de la panza, deberás saciarlo fuera de ella. Y con la saciada de hambre, estará también el descontrol de consumo de azúcar, leche nocturna en su boquita y todos esos malos hábitos anexos a la alimentación nocturna.

o Mi hora de dormir, será la tuya. "Que siéntele las pataditas, amor", "que de noche se pone más activo", que mira ¡cómo se mueve! ¡Qué belleza! Pues bien, cuán despierto estés de noche antes del nacimiento, cuán despierto estarás de noche después de él! En su defecto, a la hora que tengas fijado dormir, simplemente realizarás la descripción del proceso: "Fulanito (indicando el nombre del bebe), estoy apagando la luz porque es de noche, a esta hora dormimos y mamá debe descansar, mañana jugamos un rato. ¡Te amo!" No habrá como la felicidad que una vez afuera, realices el mismo proceso y veas cuán bien se porta ese bebé.

o Una vez nacido, olvídate de tomar y comer TODO lo que te hará "producir" leche. Recuerda que no eres una vaca, el chocolate y la lactancia no tienen nada que ver y el ser mamá de la "nueva generación" no te da derecho a justificar semejantes estrategias de productividad láctea. El agua en abundancia y la mente positiva y liberada del estrés, serán la poción ideal para una ¡lactancia maravillosa!

o El más importante de todos: Confía en tu instinto. Si consideras que puedes o debes hacer algo, solo hazlo! No importa cuántos te digan qué hacer o cómo hacerlo, el instinto materno es tan animal que racionalmente resulta difícil de explicar e inverosímil de entender.

Recordemos que este *"Manual"*, no es tal, sino la síntesis de mi recorrer en la docencia, en mi experiencia como madre y obvio, en mis desaciertos; así que cada uno podrá generar el suyo propio, siempre y cuando seamos fieles observadores de nuestros procesos, al margen de la sobreprotección o de esos vicios de la paternidad, de los cuales hablaremos más adelante.

Lo bueno es que Oscar Wilde, fue muy sabio en decir que *"Cuanto más analizamos a la gente, más se desvanece la razón de todo análisis"*, por ende, ante esas situaciones no contempladas en este manual, no habrá como tu instinto para poder resolverlo.

Cuán rápido pasa el tiempo, se vuelve impredecible establecer cuán preparados estaremos para desarrollar nuestras habilidades parentales. Escuché muchas veces parejas jóvenes decir, que se están preparando para cuándo llegue el momento de ser padres. Salvo esos jóvenes alocados que deciden no tener pudor y entregarse a una pasión descontrolada, que termina en embarazos no deseados, mis preguntas son: ¿Cuándo se está preparado para ser padres? ¿Qué escenarios abandonamos para ser padres? ¿Cuáles habilidades debemos tener para ser buenos padres? Es que ¿hay cursillos para ser padres? Evidentemente no, nunca se está preparado, pero me gusta la frase de mi abuela quien siempre decía que *cada niño venía con su pan debajo del brazo*, y aunque contaba con la verdad de su lado, lo cierto es que jamás se está del todo listo para esta noble misión y al lado del pan, no viene el manual. Hasta ahora! Así que te invito a seguir leyendo…

CAPÍTULO II.

La fórmula no tan secreta...

****

"La magia es la capacidad de pensar; no es cuestión de fuerza ni de lenguaje." Christopher Paolini.

****

Compartir
Perdonar
Dialogar
Cuestionar Jugar
Demostrar
Exponer
Orar

WordItOut

Como en todo mágico proceso, siempre hay personas que a sabiendas de la práctica cometieron errores, personas que se sabían la teoría, pero que cometieron errores y personas que sencillamente cometieron errores. Es por esto que todo el mundo pide consejos, por temor a cometer sus propios errores. Lo malo es que muchas veces los piden y no los quieren oír, y mucho menos los desean seguir. No sé por qué pero día con día aprendí, que esto de "pedir consejo", no es más que una treta del subconsciente, que requiere escuchar en otra boca lo que deseamos oír. Al final, no es buena idea porque cuando esta respuesta atenta con la mía, zas! Continúo con mi plan inicial y empieza lo que Goleman definió como el autoengaño. Y que yo defino como el *querer creer lo que quieres creer*. Una ruma de consejos que pediste, que la gente te dio y que no seguiste, porque en el fondo lo único que deseabas era una confirmación que lo que considerabas desde el inicio un error, podía tener futuro si lo decía alguien más.

Pues bien, fueron estas conversaciones frecuentes de amigas, clientes (e inclusive colegas); estas preguntas de ¿qué hago con el niño? ¿Usted cree que deba castigarlo? y comentarios por el estilo, los que me

13

enseñaron que para ser buenos padres, hay que ser primero, buenos hijos (y por qué no, buenos esposos). Que la paciencia, es la madre de las virtudes, y que no hay fórmula secreta para la toma de decisiones, pero que no hay peores consejeros que la presión social, el cinismo paterno- infantil y la más terrible de todas, la sobreprotección. Sin embargo, compartir dichos errores y conversar acerca de nuestras estrategias para la toma parental de decisiones, logra el intercambio de todas esas experiencias que contribuyen a la formación de un todo o por lo menos un algo que nos oriente como mejorar nuestra hermosa misión de padres, por lo que el compendio de todas esas vivencias está incluido en nuestro *"Manual"* Así que paciencia… ya vamos para allá!

Decíamos entonces que la fórmula consiste en estar muy claros en que esto de la toma de decisiones para la excelencia parental es como la Coca Cola, se asocia con la familia, se comparte entre amigos, se debe disfrutar a diario, pero nadie puede constatar los resultados finales de tenerla en tu vida. Lo único cierto es que para educar eficazmente, lo primero es lo primero: Tener conciencia de cuáles metas quiero lograr en mi hijo. Si quiero niños autónomos, si quiero niños decididos, si quiero niños sumisos, si quiero niños exploradores, no importa cuál sea la descripción del hijo o hija soñada, el ingrediente 1 de la poción, será mi ¡*claridad de su plan de vida!*

Desde el día uno que estoy consciente de mi posible paternidad, o maternidad, empieza el cambio. Eso ya lo vimos, y que las rutinas se establecen desde el día uno de su concepción; entonces llegamos al punto del desarrollo de su plan de vida.

Cuando hablamos del plan de vida, seguro lo estamos asociando con la clásica y consabida idea de ¿Será doctor, ingeniero, abogado? ¿Le gustará la carrera de mamá o papá? ¿Seguirá con el negocio familiar…? Pero ¡no! El plan de vida, no es otro que el cúmulo de cualidades, habilidades y destrezas que queremos ver en nuestro retoño. Lo más lindo de pensar en el plan de vida, es que no necesitas conocer un sexo o esperar cierta edad para desarrollarlo; porque no se basa en capacidades cognitivas, ni en historiales clínicos, ni en árboles genealógicos. Se basa puramente en valores y habilidades. El plan de vida te permite establecer el perfil de hijo que deseas criar, te permite controlar sus futuras actividades. Te da la oportunidad de organizarte para que puedas garantizar el acompañamiento que quieres y debes darle a tus hijos. Si no gestionas tu plan de vida parental, serás de los padres que viven y mueren dando pretextos, y de los malos. Seguro los has escuchado entre tus colegas o amigos. Es fácil de deducir cuándo estás siendo un padre sin plan de vida para tus hijos, todos los reconocerán porque usan frases como estas:

❖ "Fulanito, qué te pasa? Salte de encima de mí, no ves que vengo cansada?"

❖ "El sábado? No puedo ir al fútbol, son mis días de hacer las cositas."

❖ "Fulanito no está en básquet porque no tenemos tiempo para eso, en qué momento estudia?"

❖ "Me hubiera gustado que participaras, pero tenemos otras cosas que hacer."

❖ "Ya bastante hago con pagarte la clase, que te lleve tu mamá!"

❖ "Déjate de payasadas, que ya estás grande para esa sobadera"…

❖ Tiene cinco años, pero ya no sé qué hacer con él.

❖ ¿Quitarle el ipad? ¡Es capaz de pegarme!

❖ Yo quería que participara, pero a ella no le gusta hacer nada.

En fin, como el Manual no es de pretextos, me toca continuar con el tema que nos ocupa: Cómo diseñar el plan de vida de nuestros hijos.

Y aquí es donde se pone buena la cosa. No vuelvas a decir que los niños deberían venir con manual, sino estás dispuesto a invertir tu tiempo en ejecutarlo. Vamos a describir las acciones a seguir, haciendo conciencia que nos toca INVERTIR, lo más caro que tiene el ser humano: ¡TIEMPO!

No es complicado, pero es aquí donde está la diferencia entre dedicarle el tiempo a Fulanito, malgastar el tiempo con Fulanito o desperdiciar mi tiempo con Fulanito. ¿*Trick*? No, presten atención:

Dedicarle tiempo a Fulanito:

"Hijo, esa música que suena, ¿eres tú con la guitarra?, toca otro poquito, puedes?

Malgastar el tiempo de Fulanito:

"Fulanito, no me importa lo que digas, yo estudié guitarra y tú también lo harás"

Desperdiciar mi tiempo con Fulanito:

"Hijo, pon tu música y trata de no molestarme. Tú también diviértete en la fiesta, nos vemos mañana"

En las tres situaciones hay una intención, pero solo en la cual se genere una relación de: me importas-te importo, habrá una inversión eficaz de tiempo para el logro del plan de vida. Si quieres un hijo sensible, deberás enseñarle sobre tus sentimientos. Si quieres que sea descriptivo, deberás detallar tus impresiones. Si deseas un hijo/a orador, deberás leerle desde pequeño. Si deseas uno curioso, deberás permitirle explorar. Cómo sé que habilidades desarrollarle a mi hijo, o peor aún cómo hacerlo? Fácil! Para cada adjetivo (cualidad) hay un verbo (acción a ejecutar por los padres en el plan de vida) para desarrollar en familia.

Por ejemplo:

Cualidad del hijo	Acción del padre/madre
Curioso	Exponer
Intuitivo	Cuestionar
Observador	Demostrar
Orador	Dialogar
Bondadoso	Compartir
Resiliente	Perdonar
Espiritual	Orar
Creativo	Jugar
Usa este espacio para idear tus cualidades deseadas...	**Usa este espacio para idear tus acciones a ejecutar...**

Cada uno podrá seleccionar de esta manera, las cualidades que desea para su hijo, y tendrás un plan de acción a seguir. Llévalo contigo si es necesario, pero recuerda que el tiempo que se va, no vuelve.

Te regalo el *Tip* educativo que me dio hace años mi papá: *"A los hijos, adicional a la escuela, se les instruye en 3 áreas: un arte, un idioma y un deporte"*. En ese momento, era el siglo XX, ahora estamos en el XXI, por lo que yo agregaría, uno o dos idiomas más y definitivamente, una alta dosis de inteligencia emocional, pero de esta última hablaremos más adelante.

El momento de hacer la Magia, es ya!

Capítulo III.

De por qué siempre funciona.

****

"Quien tiene magia, no necesita trucos." Anónimo

En mi niñez, me tocó ver un par de veces a mi abuela Alejandrina, llamarle la atención a mis tías. Era engorroso, por el tema de que nadie quiere ver a la dulce y angelical abuelita, cuya misión de vida debería ser arrullar tiernamente a sus nietecitos, gritándole a sus hijas como una degenerada y maniática al borde de un colapso neurótico!

Pues bien, esa era mi abuelita en sus años mozos y lo que queda de ella en la actualidad, además de los recuerdos de sus neurosis, son sus sabios consejos. Recuerdo que durante mi adolescencia, en una oportunidad, me dijo con tenue voz: "Cuando un joven te tire un

21

piropo, no te turbes. Sonríe discretamente y como que no te interesa le das las gracias secamente", a lo que obviamente le refuté (y creo que fue más por llevarle la contraria, después de todo sólo tenía 15 años!) -"Y si el joven no me agrada, abuela?". Error! Sentí la puñalada visual que emanó de sus chinos ojos, acompañada de un tono no tan tenue y cierto golpecito entre palabra y palabra. -"Si no te agrada, te lo aguantas!, una mujer inteligente no rechaza un piropo porque no sabes cuándo necesitarás la ayuda de quien te lo dio!" En ese momento la verdad me sorprendió, porque me pareció demasiado *avant garde*, para su edad, lo cierto es que hasta el día de hoy, muchos años después, aún la escucho cuando algún baboso se pasa de gracioso, así que oigo, callo y sonrió al acordarme de ese día…

Siendo que no me eduqué plenamente con ella, tal vez les resulte extraño por qué el recuerdo de ese día, por qué la significancia de ese consejo en especial, si después de todo, dio mejores.

Pues bien, ciertamente, el corte de este *Manual,* no es religioso, pero en este instante me acuerdo de unas hermosas palabras bíblicas que me sirven de fundamento para explicar la importancia del evento: *"De la abundancia del corazón, habla la boca..." Mt. 15:18* Eureka!! Es esa la razón de por qué tengo vívido el recuerdo! Solamente con que fuera mi dulce abuelita, la que me diera un consejo como ese (el cual realmente es útil después de los 30), me llevó en ese instante, y para ser sincera hasta el día de hoy, a correlacionar las palabras de mi abuela con las acciones como la vanidad, la manipulación femenina e inclusive el oportunismo que puede ser aplicado por la dama, posterior a un piropo! Recuerdo que mi primera impresión fue: "Terrible que es mi abuela y ni parece". ¿Cómo se me podía olvidar, el "quebrantamiento" de la dulce imagen de mi abuelita, cuando me suelta semejante consejo? Imagínense el poder de las palabras! De allí, el tema que ahora nos ocupa.

¿Puedes idealizar la imagen que tienes de ti? No importa cuál sea, como profesional, como hermano, como hijo, no interesa. Ahora te pregunto: Cuál es la imagen que quieres que tus hijos tengan? ¿Te imaginas vivir actuando para ellos el resto de tu vida, solamente para que no conozcan realmente quién eres? Podrías vivir así? No te estreses, a ti no te pasará, pero hay miles de millones que si

23

pueden y otros cientos más que no, pero lo intentan hasta lograrlo. Puedes reconocerlos fácilmente porque tienen hijos reprimidos, groseros, patanes, egoístas, por ser tenue en mis juicios. Viven su vida dando pretextos, nunca hicieron un plan de vida para sus hijos y en fin, algunos de ellos terminan sus vidas en cárceles, asilos y manicomios. En todos los casos, sumergidos en una profunda soledad, la compañera de aquellos padres que en algo "fallaron". Siendo así, ten en mente siempre que la Magia no funciona por sí sola, debe practicarse. La Magia debe ser imperceptible sino, nadie la aprecia. La Magia tiene procedimientos, de lo contrario, no se logra. Tener en mente esto, te dará fuerzas para continuar y ser el padre o madre que tus hijos necesitan. Por ende, el término a introducir es la *congruencia*. Así como no puedes decir que desaparecerás por arte de magia, y luego del Abracadabra sigues allí paradote, así tampoco puedes decirle a tu hijo que "logre cosas" sin tú estar a su lado guiándolo. De lo que salga de tu boca está lleno tu corazón! Pero y la congruencia entre lo que haces y lo que dices, qué? No hay palabras más poderosas para un hijo, que las que manifiestan sus padres; siempre y cuando hayan sido escuchadas desde los primeros años, con amor, lealtad y
24

sinceridad. Tenlo presente. Ese poder mágico de las palabras, no empieza en la adolescencia, donde empiezan las diferencias entre padres e hijos, y pretendes que como sopa instantánea tu hijo/a te respete! Quieres respeto? ponlo en tu plan de vida y ejecútalo! La comunicación efectiva y asertiva, te abrirá las puertas de su corazón y te dará el poder que necesitas para educarlo.

Otra importante razón, del por qué nos recordamos de eventos, es la *significancia.* Cuán positiva o negativa sea la experiencia, cuanto mayor grado de marcación en nuestras vidas. El ser humano hace para sí significantes, aquellos recuerdos que son extremadamente positivos, o extremadamente negativos. Haz la prueba, intenta recordar el nombre de un maestro, tienes 1 segundo para pensar en el nombre. ¿Era bueno? ¿Era malo? ¿Te humilló? ¿Te exaltó? Piensa ¿por qué lo recuerdas. ¿Por una acción buena que hizo en ti? O ¿por esa vez que te castigaron por su culpa?

Siguiente prueba, ¿recuerdas todos los nombres de tus compañeros del último año? ¿Los recuerdas con sus respectivas caras? ¿Por qué?

Última prueba, y esta es sólo para ti, no me contestes. ¿Quieres que tus hijos te recuerden? ¿Cómo quieres que te recuerden? ¿Quieres ser significativo en sus vidas? No temas, si sigues leyendo es porque vas en vías de ser un súper padre, una súper madre (o me conoces y no me quieres defraudar)

¿Cómo saber si estás desarrollando bien el poder de tus palabras parentales? Fácil:

- ✓ Tus hijos preescolares, te agotan felices y emocionados con sus cuentos. Y piensas: "Dios, es que ¿no pueden callarse?" Pero sigues sonriendo entretenido.
- ✓ En la edad primaria, corren a abrirte la puerta para contarte "Todo lo que pasó en el día".
- ✓ Tienes varios hijos y se pelean entre sí para contarte.
- ✓ Tienen la confianza de contarte sus "cositas".
- ✓ Disfrutan las comidas familiares, es el momento cumbre para el coloquio del día.

✓ Estás en silencio, los niños permanecen en silencio. Algo le tuvo que haber pasado a mamá.

✓ Mamá (o papá) luce cansada (o), los niños preguntan: ¿Te podemos ayudar en algo?

Y así podemos ver escenarios reales por páginas y páginas de algo que conocemos como *interacciones poderosas,* un concepto perfecto acuñado por Dombro, Jablon y Stetson a inicios del siglo 21, para describir el comportamiento social que debemos tener con los niños en el momento de querer transformarlos, más allá de una simple instrucción.

En educación, las describimos como esas acciones que hacemos entre docentes y estudiantes, que resultan imperceptibles y muchas veces rutinarias, pero que, en ambos casos, se refieren a procesos de comunicación afectiva, asertiva y eficaz entre los actores que la ejecutan. Es ese *no sé qué* en nuestras miradas, en nuestras sonrisas y en nuestros silencio, que evidencian reciprocidad en la manera que nos comunicamos (o no nos comunicamos) y que como padres, debemos vigilar que ocurran en nuestro entorno, como un termómetro, de la influencia que tenemos sobre nuestros hijos, y posteriormente incidirán, inclusive, en su toma de decisiones.

La tercera causa del recuerdo de los eventos significativos, no sé si la más importante pero sin duda muy poderosa, es la PNL programación neurolingüística. En realidad la programación neurolingüística, es una estrategia de comunicación, desarrollo personal y sicoterapia, desarrollada en los años 70 por Richard Bendler y John Grinder, quienes afirman que hay una conexión entre los procesos neurológicos ("neuro"), el lenguaje ("lingüística") y los patrones de comportamiento aprendidos a través de la experiencia ("programación"). Con fuertes fanáticos y otros cuantos detractores (como todo en psicología), vamos a emplearla para nuestros fines, según nuestra necesidad, ya que para los efectos educativos, su vigencia arranca en la efectividad de nuestra comunicación. Lo hemos escuchado toda la vida, cuando las abuelas decían que lo que sale de la boca de las madres, es ¡ley! Y efectivamente es así. El indicar positivamente las cualidades de nuestros hijos, en su justa medida; el augurar un futuro exitoso, el manifestarle sus fortalezas, siempre generará en ellos, un refuerzo programado positivo del concepto que tenga de sí mismo. El lenguaje que empleemos, el tono, la frecuencia del mensaje, será una poderosa arma para la crianza del menor, porque esas ideas positivas, serán los *"conjuros"* grabados en su mente y los pilares de su autoestima.

Así por ejemplo, si Fulanito escucha constantemente que es inteligente, lo creerá y se comportará de esa forma y finalmente lo será. Por eso, es que hay que tener cuidado con nuestras palabras, el ciclo es fácil y aunque no parezca, rápido y eficaz.

Capítulo IV.

De la magia del carácter.

****

"Él sabía lo que sabía: que el mundo real está lleno de magia, por lo que es fácil que los mundos mágicos se hagan realidad." Salman Rushdie.

****

Es muy común escuchar expresiones que hagan alusión al temperamento, al carácter y a la personalidad de nuestros hijos. Lo cierto es que para poder reconocer en ellos un "carácter fuerte", o "una tremenda personalidad", o simplemente "ella es así porque tiene un temperamento dócil"; debemos primero establecer la diferencia entre los tres términos. Oh Sí! No son sinónimos! Unos están inmersos en otros. Veamos cómo:

El temperamento, está ligado a nuestras reacciones ante las situaciones, pero con características biológicas, es decir, un papá colérico es posible que tenga algún chiquitín colérico por ahí mal puesto. Un papá expresivo y atento tendrá igualmente hijos con estas características. Es decir, que temperamento involucra aquellos rasgos que necesariamente vienen ligados a la herencia. El carácter en cambio, involucra lo mismo desde la perspectiva de cómo reacciones ante sucesos, pero con la diferencia que cada suceso tendrá su respuesta desde el estímulo que se haya recibido desde la primera infancia.

Cuando esos estímulos se juntan con la información genética se forma lo que conocemos como personalidad. Quiere decir que cuando escuchamos a personas necias, groseras o pasadas de "sinceras", decir algo como, "…sino le gusta de malas, yo soy así", estamos frente a un ser humano que en realidad, está siendo majadero de puro gusto. Si se tiene la claridad de los defectos, se puede pasar la vida justificándolos sin modificarlos? Claro que sí! Porque su carácter, fue reforzado de manera negativa, y es probable que su temperamento no fuera necesariamente el más agradable, dando por resultado un ser humano

de personalidad umm, cómo lo diría...
¿insoportable?

De aquí la importancia que los padres tengamos claro el plan de vida que queremos para nuestros hijos, es indispensable que hayamos descrito mentalmente las virtudes que requerimos en él o ella para que satisfaga sus necesidades sociales de acuerdo al perfil que nos gustaría lograr.

Es muy frecuente escuchar a los padres hablar de cómo son sus hijos cuando se refieren a actitudes no tan positivas. Fulanito está rebelde, Fulanito cree que me va a mandar, Fulanito es un poquito grosero; pero la pregunta es: Cómo llegó Fulanito a ser así? Respuesta: Falta de un plan de vida! Es probable que los papás de Fulanito existieran pero desperdiciaran su tiempo con Fulanito, en acciones no impactantes en su vida, o simplemente lo criara la nana! Concentrarnos en las virtudes que queremos lograr en nuestros hijos, nos permite "bloquear" aquellas acciones triviales que no lo beneficiarán ni a corto ni a largo plazo. Por ejemplo, quiero que mi hija sea una persona respetuosa. Sin embargo, cuando empieza a dar sus primeros pasos, la amo con locura. Y allí esta ella, con esos ojitos saltones, sonrisa picaresca y pasitos inseguros caminando hacia mí, mientras en su manito me apunta que va a tirar la última porcelana sobreviviente de la abuela...Yo estoy grabando todo en el teléfono móvil, ella me mira amenazante y de pronto yo con una sutil sonrisa y un tono de voz angelical le digo "corazón no lo hagas mi reina!" (Después de todo es mi bebé de 2 añitos) y Zas! Allá fue contra el piso la última porcelana de la abuela.

¿Qué haces? ¿Cuál es tu reacción?

1. Sigo grabando, no me puedo perder este momento de travesura. ¡Es sólo una bebé!

2. Sigo grabando, mientras ella se ríe y yo le pregunto: ¿Por qué lo hiciste muñeca?

3. Me aterro, la porcelana se quebró. Le brinco encima para retirarla del área, se puede cortar con la porcelana.

4. La miro a los ojos, mi tono de voz se torna seco mientras le explico que lo que hizo está mal. Era la porcelana de la abuela. La separo de los residuos y

hago que me detenga la bolsita donde los pondré. Ahora tendrás que limpiar conmigo. No me mires así, esto no es broma.

5. Reflexiono dónde arrancó el problema y sigo con la acción 4. Todo el problema arrancó, desde el momento que empecé a grabar. Ella es una hermosa niña, amante de la cámara, que aprovechará hasta el mínimo minuto para coquetear con el aparatejo y llamar mi atención. El segundo error fue comportarte como un testigo omnisciente del proceso. *Estabas ¡allí! ¿Cómo permitiste que ocurriera?* Te reclamará papá, (y tiene toda la razón) ¿Qué le dirás? *Estaba ¿grabando?* El tercer error fue el tono de voz dulce mientras le "intentabas corregir" Palabras como amor, cielo reina, muñeca, corazón, entre otros NUNCA van en una frase de llamado de atención. O es que ¿No recuerdan a las magas medievales?

¿Cuándo escuchamos nosotros a las abuelas decirnos con tono dulce: Cariño, hijita, te vas a bañar, mi amor? NUNCA! Ellas eran las diosas de las instrucciones! Y más te valía que las siguieras, porque a continuación, y sin importar la edad que tuvieras, procedía el escuchar tu nombre COMPLETITO, seguido de las acciones esperadas o un proceso de reflexión sobre "Qué te dije?", "No me estás oyendo?" acciones todas vinculadas a lograr facultades de aprendizaje como concentración, atención y valores como la obediencia y el respeto!

Ya vimos entonces, que en el temperamento es poco lo que de manera directa podemos hacer, sin embargo, podemos concentrar toda nuestra atención, fuerza y energía en el segundo componente de la personalidad: El Carácter! Este tiene un componente social importante, porque es modificable (a diferencia del temperamento) y aunque, también es impactado por el componente biológico, tiene su base fundamental en los hábitos aprendidos. Es decir, que para generar un carácter sólido, de buena estructura, lo fundamental son los hábitos.

La formación del carácter es de los hechizos educativos más difíciles de lograr. De hecho los *magos medievales* lograban templar el carácter con procesos orientados al margen de la ley, lo que llamamos ahora psicología. Ellos tenían la certeza que la inversión de tiempo que dedicaras a tus hijos, era la médula central del proceso. Siendo así, es fundamental que entendamos, que ninguna nana, por excelente que sea (o aparente ser), ninguna tía cariñosa, ninguna maestra, tiene la responsabilidad de educar, transformar o criar a nuestros hijos, a menos que el niño, la niña, sean HUÉRFANOS! Ahora es común, escuchar a las orgullosas madres, que en su necesidad de indicar sus niveles de eficiencia profesional y maternal de manera simultánea te dicen: *"mis hijos aman a la Sra. María"*, o *"yo puedo vivir sin mi esposo, pero no sin María"*, o la peor de todas *"mis hijos me quieren, pero a María la aman!"* No es mi intención juzgar a nadie, pero debería darles pena, reconocer abiertamente que sus hijos son huérfanos de ¡madre! La persona que cuida a nuestros hijos, debe ser sólo eso, un ¡cuidador! Los padres, son quienes tienen la responsabilidad, el derecho y la obligación de criarlos en su formación de carácter y valores. Por mucho que gane, una nana, no puede desarrollar el plan de vida para nuestros hijos! Le puede proveer la cocción de los alimentos, la limpieza de su cuarto, de su ropa; pero en serio ¿Creen que la nana está pensando en las habilidades y destrezas que sus hijos necesitarán para ser seres humanos integrales? ¿En serio?

Parte de los insólitos problemas que tenemos socialmente, surgen en la formación de niños criados en casa como huerfanitos. Sólo con la incipiente compañía de los video juegos, la nana y la televisión. El trabajar, no es una excusa razonable para no tener tiempo de calidad y formarles el carácter. Ciertamente el ser madres y padres trabajadores, involucra menos horas de sueño, más actitud ante los retos, doble saco de paciencia, un kilo adicional de amor y en fin…ser un héroe o heroína. ¿Cómo lo logras? Fácil:

❖ Desde que nace, descríbele la relación con su entorno. Al bebé por ejemplo, deberás indicarle el color de la ropa que le pondrás, convérsale sobre las expectativas que tendrá de la visita que harán o de las personas con las cuales estará. No importa la edad de tu hijo, estarás generando vínculos emocionales, desarrollo de lenguaje, estimulación del pensamiento y seguridad en la relación contigo y consigo mismo.

❖ Masajéalo, es lo mejor!! El contacto físico repercute no solamente en su desarrollo intelectual, también estimula su desarrollo socioemocional. Esos masajes posterior al baño, generan un contacto emocional de por vida. Conversarle mientras los haces sobre cuáles son tus metas para él, representa el primer gran paso de la programación neurolingüística que estás haciendo en él.

❖ Abrázalo. El abrazo diario y sincero, es una poderosa arma anti estrés. Recuerda que tus hijos, son seres humanos desde que nacen! Así que pasan por exactamente las mismas necesidades emocionales que cualquier adulto. Muchas veces mal entendidas, las rabietas, la soledad, aquella lejanía de tu hijo, no es otra cosa que un proceso de estrés mal llevado. El abrazo diario, garantiza cercanía emocional entre padres e hijos, y es el mejor hábito de vida que puedes entregarle. Son muchos los beneficios indirectos, pero entre los directos cabe desatacar que un abrazo:

✓ Logra la disminución del estrés. Por supuesto. ¿Qué es lo primero que hacíamos cuando de bebé se caía? ¿No corríamos a abrazarlo? Y ¿qué es lo primero que hace el nene cuando se siente amenazado? ¡Te tira los brazos! El abrazo es nuestra primera intención comunicativa de necesidad de protección.

✓ Sensación de seguridad y protección. El sentirse protegido, es una necesidad básica y un derecho de toda persona, cuán más importante en la vida de un niño.

✓ Ayuda a nuestra autoestima. El abrazo grita silenciosamente ¡te amo!, una persona que se siente amada siempre tendrá una autoestima adecuada.

✓ Transmisión de energía y fortaleza. Otra peculiaridad de sentirse abrazado, es esa transmisión de la idea que estamos juntos. Otro importante mensaje de seguridad. Siempre es importante compartir los problemas, pero en la adolescencia, los problemas compartidos, son mejores.

✓ Mejora de las relaciones interpersonales. Todo lo anterior lo sustenta, que madre no quiere escuchar de sus hijos, ¿me abrazas? Pues si lo quieres escuchar, empieza con enseñarle.

❖ Acompáñale al momento de dormir. En los primeros años, leer un libro no es un consejo trillado, sino la mágica oportunidad de generar la costumbre familiar de compartir tiempo de calidad. Conforme el crezca, se cambiará la lectura del libro, a la conversación en la salita, hasta llegar a la hora del té. Claro que mientras eso llega, leer será la puerta hacia la imaginación, su conexión a la lectura y el primer gran paso al desarrollo de lenguaje formal y los buenos hábitos de aprendizaje.

❖ Establece rutinas de comportamiento familiar. La estabilidad emocional, es una característica fundamental del carácter para los seres humanos de este siglo. Esta estabilidad es fácil de lograr estableciendo rutinas concretas de orden familiar, como la hora de la cena, el desayuno de los domingos, la visita semanal de los abuelos; la reunión familiar (papás e hijos) una vez a la semana para toma de decisiones del fin de semana o evaluar que tal estuvo la semana que terminó. En fin, se deben generar procesos que promuevan el establecimiento de hábitos cuidando siempre, nuestro tono de voz, los adjetivos que usamos y lo más importante: nuestro lenguaje corporal.

❖ Incluye a tu hijo en una actividad deportiva. Y acompáñalo por lo menos dos veces a la semana. A diario pregúntale sobre sus logros del día. Para el éxito de esta estrategia es importante el saber preguntar. Preguntas cerradas suelen ser poco funcionales, por ejemplo: ¿Te fue bien?, ¿Quieres comer?, ¿Te divertiste? Estas son preguntas cuyas respuestas se contestan con un sí o un no. Fin de la conversación. Sin embargo, estas mismas preguntas abordadas para respuestas abiertas, permiten ese toque de crecimiento verbal, estrecha la relación y permite una interacción poderosa. Veamos: Cuéntame un poco de la práctica. Quisiera comer algo diferente hoy, ¿Me das alguna sugerencia? Vi claramente que metiste un gol, cuéntame ¿Qué se sintió? Y luego simplemente, disfruta la conversación con tu hijo (Sí! Deberás estar sin celular!)

❖ Aprendan a reír juntos. *La risa es remedio infalible,* la revista Selecciones, se encargó de asegurarse que nuestra generación creciera con la necesidad de leer, hasta chistes! Tuvimos la oportunidad de tener acceso a revistas que se especializaban en chistes y *"atorrancias"* divertidas, que por medio de chistecitos tontos, nos permitían mantenernos alegres, o por lo menos, liberar el estrés. Pero pensemos ahora, ¿qué clase de oportunidad de reír tienen nuestros hijos? ¿En la escuela? (solo con amigos en recreos supongo), pero peor que el lugar donde hacerlo, está la incógnita, a base de ¿qué lo logran? ¿No será esta otra causa indirecta del acoso escolar? Por qué si vemos, el más frecuente de los acosos, es el logrado por medio de "reírnos de los demás" y esto ocurre porque los padres no nos hemos preocupado por enseñarle a nuestros hijos la diferencia de "reírnos de los demás" y "reírnos con los demás". Un niño que no aprende esta diferencia, para poder reír con los demás, terminará por reírse de los demás, aceptando todas las injusticias que suelen ocurrir dentro de la escuela, en términos de *bullying*. Recordemos que somos nosotros los únicos responsables que nuestros hijos rían y de la manera ¡correcta!

❖ Apóyate en el cine para educar! Ir al cine, es muchas veces, la manera más frecuente de diversión familiar. Tiene una estrecha vinculación con lo que tu hijo se supone aprende en la escuela. Donde de manera ideal, las maestras están trabajando para que tu hijo desarrolle análisis, síntesis, comprensión lectora y todas esas cosas que se supone están en los currículos de los colegios vanguardistas actuales. Entonces, por qué insistimos con la clásica pregunta de te gustó la película? Cuando es obvio que sí, porque rió e hizo efectos especiales durante la misma! Cambia esta trillada pregunta por preguntas que estimulen su creatividad y le impongan retos de pensamiento cómo:

- *Qué hubieras hecho tú en lugar de…*

- *Si no hubiera acabado así, ¿Cómo hubiera sido el final?*

- *¿Por qué crees que le pasó esto…. A tal personaje..*

Por mencionar unas cuantas, lo cierto es que empezarás a tener conversaciones intencionales con tus hijos, que reforzarán su carácter y los llevarán a entender el cine por lo que es, un arte!

  ❖ Aprovecha las vacaciones. No, no me refiero a ir a pasear a conocer personajes, playas y parques. Pasear, lo debes hacer constantemente! El lugar nunca es importante, cómo la oportunidad de aprendizaje que le des. Si estás en un hotel, conversen de etiqueta; si estás en otro país, lean algo de su historia, por lo menos intenta conocer la bandera. Si visitas lugares exóticos, que no sea por la pura foto. Los verdaderos recuerdos quedan en la memoria de lo significante para las emociones humanas. Un personaje, por ejemplo, solo será significativo en la niñez, no genera recuerdos, ni memorias duraderas. Pero aprender de otra cultura, de geografía, de historia, hace que el niño se sienta más inteligente, más culto, querrá aprender más cosas y sobre todo querrá demostrarlo contándole a todo el mundo y por ende, se nutre su personalidad. Si vas a viajar por varios días, asegúrate que la poción sea:

"Un lugar histórico, un lugar cultural, un lugar ecológico, un lugar recreativo".

Un ejemplo podría ser visitar la plaza de independencia, ir al teatro (hay muchos infantiles), ir al zoológico y al parque! No demoras un día en cada sitio, por lo que puedes ser creativo en cómo haces el itinerario, pero ten presente que *"viajar sin traer conocimiento es gasto, no inversión".*

Por todo lo antes mencionado, lo más sensato desde el principio es empezar a formar un carácter integral, con rasgos de valores claramente definidos, donde las emociones se controlen desde temprana edad; esto solo se logra con comunicación afectiva, efectiva y eficaz! El momento de empezar, es ya!

CAPÍTULO V.

De la poción para la personalidad.

****

"Recuerda siempre, que la Magia comienza contigo". Anónimo

****

Cuándo estaba chiquita, aunque Euclides dice que aún lo estoy (mido un 1.60 mts.), mi principal preocupación fue qué ser cuándo sea grande. Recuerdo haber vivido preguntándole a Félix, mi padre, qué quería que estudiara en la universidad. Él es un *mago medieval*, estas personas con todo el conocimiento y la moral para cuestionar tus acciones y dar sabios consejos, en esta dimensión, son conocidos como abuelos, pero de ellos conversamos ya hace rato, así que seguimos…

Recuerdo que siempre la respuesta de papá fue (y es como que lo escucho) *"No me importa que estudien tú o tus hermanas, nacieron mujeres y eso me obliga a pedirles una cosa: Sean independientes. Estudia algo que te enloquezca, si quieres ser paletera, asegúrate de dos cosas: se bilingüe y se la dueña de la peletería"* Sabias palabras, ¿no? Obvio, mi pregunta surgió mientras estudiaba primaria, y aunque se siguió repitiendo durante toda la secundaria, imagino que mi papá entendió que esas eran las palabras ideales para el mensaje real, el cuál años después interpreté de la siguiente manera:

"Realízate como persona, naciste mujer por lo que la vida será un poco complicada para ti y tus hermanas. No dependan de nadie, menos si es hombre, y asegúrate de ser empresaria, no empleada. En tus tiempos el inglés será un requisito, así que apréndelo!" y bueno, que les puedo decir, no soy perfecta, pero alcancé casi el 90% de sus objetivos, y me encuentro trabajando en el 10% que quedó *¡missing in action!* Así es como funciona la PNL, de la cual también conversamos ya. Recuerdo

todas las veces y cada una de ellas que hice la pregunta, la respuesta fue exactamente la misma. Qué memoria tenía papá, pensábamos! Pero no, lo que siempre tuvo fue definido su plan de vida para nosotras, me tomó varios años de estudio universitario y ser madre, el poder conectar todo y claro, replicarlo en mis hijos (aunque aún no acabo con ellos).

Ahora bien, desmenuzando la denotación del consejo de mi padre, se concluye que sin saberlo, papá estaba clarito de lo que hoy en día se conoce como OCEAN, el modelo de los cinco (5) grandes rasgos de la personalidad, modelo que se le adjudica a Louis Thurstone (1933) y que investigadores emplean hoy día. De este modelo se desprenden todos los demás rasgos de personalidad, a los cuales prefiero llamarles habilidades de desarrollo para este siglo. OCEAN, es el acrónimo para los llamados *factores principales*, de la personalidad, de los cuales se deducen otros:

factor O (apertura a las nuevas experiencias)

factor C (responsabilidad),

factor E (extroversión)

factor A (amabilidad) y

factor N (neuroticismo o inestabilidad emocional).

Recordemos que este no es un libro de psicología, por lo que pasaremos rápidamente por describir los **perfiles de carácter,** asociados a estos rasgos de personalidad. Así por ejemplo tenemos que:

o Factor O. Apertura a nuevas experiencias. Fundamental para el desarrollo del individuo. Involucra características como la capacidad de buscar nuevas experiencias, adaptabilidad, relación fluida con su imaginación, curiosidad intelectual y capacidad de romper rutinas. ¿Quiénes puntúan bajo ante estas cualidades? Los niños a los que yo denomino, los Niños No. Los Niños No, fueron aquellos bebes cuyas madres siempre dijeron *No corras, no te ensucies, no subas, no bajes, no hables, no grites, no brinques, no toques…*Esas mamás que odiaban los gérmenes, las bacterias, las amigas con perfumes cerca de sus hijos, las guarderías, las clases de fútbol bajo la lluvia; la playa, el calor, la textura de la arena y que el bebé gateara en casa de la abuela, en fin, los pobrecitos Niños No, aprendieron que NO es la manera segura de NO hacer nada diferente a lo que haces usualmente. Son adolescentes sin retos porque NO se les enseñó cómo afrontarlos y son los adultos que jamás cambian del jefe grosero, con el mal salario y las pocas oportunidades de crecimiento, porque NO tienen idea de cómo salir de su zona de confort y NO quieren intentarlo porque NO tienen apertura a nuevas experiencias.

- o Factor C. Responsabilidad. En educación, no puedo hablar de otras ciencias, la responsabilidad es vista como la capacidad de entregar todo a tiempo, cumplir con asignaciones, no olvidar los compromisos, en conclusión "ir bien en la escuela" a tal punto, que si tienes fracasos escolares, te ponen R (regular) o X (deficiente) en el ítem de responsabilidad, cuando en realidad, pudo ser que no entendieras un concepto o que hicieras todas las tareas de manera incorrecta. Esto es una prueba de cuán mal entendida está la responsabilidad. La responsabilidad es la capacidad del individuo, de mantenerse enfocado en su objetivo, muestra un nivel de disciplina para la consecución de sus fines, demuestra capacidad de concentración, enfoque, y análisis previo a la toma de decisiones. ¿Quiénes puntúan bajo antes estas cualidades? El bebé al que nunca se le enseñó a recoger sus juguetes, el niño que podía prender la televisión, el radio, la consola de videojuegos, todo al mismo tiempo y finalmente jugaba con el carrito. La niña que sacaba todas las *barbies* (la colección de 180 muñecas enterita) porque no estaba segura con cuál jugaría. La niña a la que jamás se le obligó a terminar el rompecabezas, el niño que nunca jugó a memorizar, el niño que jamás participó en algo más que ir al colegio. Ese que hoy en día se reconoce como el adolescente "vago" que no arregla su cama, o inclusive el dormitorio. Observen que en todos los casos, no ha sido culpa del niño, ni del bebé, fue la falta del cumplimiento del plan de vida de los ¡padres! Esperando que la nana arregle el cuarto, recoja los juguetes, mantenga todo limpio y "ame" a mis hijos sin medida, hemos descuidado las acciones requeridas por el padre para el logro de cualidades en sus hijos (Cap. II)

No sé si recuerdan, pero los 𝓜𝓪𝓰𝓸𝓼 𝓜𝓮𝓭𝓲𝓮𝓿𝓪𝓵𝓮𝓼, obligaban a las niñas a lavar sus interiores en el baño!, Nadie debía hacerlo por ti! La buena noticia es que siempre, se puede retomar porque el carácter viene de estímulos y la personalidad se forma del carácter, así que siempre estamos a tiempo para hacer el cambio que quiero ver.

o Factor E. Extroversión. La extroversión está casada de por vida con la confianza en sí mismo, la autoestima y el buen sentido del humor. Se refiere a cómo el sujeto canaliza la energía de manera social, cuan cómodo se siente al hablar en público, cuanto le gusta interactuar con otras personas, en fin, le resulta fácil la adaptación social. Este rasgo va de la mano con el factor O, apertura a nuevas experiencias, aunque no necesariamente un sujeto abierto a nuevas experiencias, es extrovertido.

¿Quiénes no logran estas cualidades? Aquellos niños cuyos padres no jugaban con ellos, no llevaban a pasear porque hacía pataletas (no entiendo este ejemplo, siempre es más fácil resolver la pataleta que privar a la familia), los niños cuyos padres los dejaban en casa con la nana para ir a sus compromisos sociales; aquellos chicos cuya maestra se quejaba constantemente de "habla demasiado", los chicos a los que siempre se les decía *¿que no te cansas de hablar?* Aquellos niños a los que no se le permitía jugar con los vecinitos (porque todos son una partida de corronchos mal educados) En fin, un niño al que no se le ofrecen oportunidades de vinculación social, no serán sociables. El tema no es cuánto hablen, sino que aprendan cuándo y con quien hacerlo! Recordemos que todos conocemos a ese que se cree "el alma de la fiesta" y no es más que un charlatán que nadie entiende por qué lo siguen invitando (por lo general o es un jefe, o el papá de alguien, o el hermano de alguien, ¡ineludible!)

Entonces, el arte de ser extrovertido conlleva en sí mismo cualidades como la prudencia, la toma de decisiones, la coherencia y evidentemente, el respeto. Estas serán las bases, a trabajar, antes de exponer al niño a situaciones públicas. O no han escuchado a la clásica mamá que le solicita a la niña cantar la canción ante sus amigas en el té de caridad y no pasa nada. Hace un segundo llamado a la niña y no pasa nada y ante el tercer llamado (casi exigencia) la niña rompe en llanto! Respuesta pública de la madre, *ella es penosa!* ¿Acaso no se le solicita a un orador su participación previa al día del discurso? Entonces ¿por qué insistimos en someter a nuestros hijos a tal vergüenza? ¿Dirías una poesía (sin ser poeta) ante los amigos de tu esposo porque él te lo pida? Debemos prestar atención ante estas solicitudes públicas, que no harán otra cosa que lograr un efecto, exactamente contrario en el niño.

o Factor A. Amabilidad. Dicen los estudiosos de la personalidad, que la persona amable es aquella que confía en la honestidad de los otros individuos, tiene vocación para ayudar y asistir a quien lo necesite, se muestra humilde y sencillo, y es empático hacia las emociones y sentimientos ajenos. Ojo! En lo personal, me resulta el factor más difícil de administrar para los padres. Como diría mi amiga Giovanna (una bruja linda y sin escoba), "*Ni tanto que queme al Santo, ni tan poco que no lo alumbre.*"

Las mamás queremos hijos sensibles, eso es bueno, lo malo es que después de 6 años de insistirle en "*debes compartir*", "*debes compartir*", "*debes compartir*", le exigimos que en la escuela "*se dé a respetar*", "*haga valer sus derechos*", o "*se defienda*" Entonces, quitémonos un poco nuestro lado ideal, religioso, filantrópico o como quieran llamarlo y hablemos de equidad, justicia y realidad social. La equidad, es lo que todos deberíamos perseguir socialmente, la igualdad de oportunidades ante circunstancias similares, en escenarios similares y en la justa medida de las posibilidades. Justicia, es según el diccionario, el principio moral que inclina a obrar y juzgar respetando la verdad y dando a cada uno lo que le corresponde. Pero, esto nos permite a aplicarla según las necesidades de quien interpreta, después de todo, ¿Quién determina que le corresponde a cada quién? Y lo cierto es que a la realidad social no hay como definirla en estos tiempos, pero lo que sí tenemos todos claros es que no hay quien no la defina como dura! Siendo así, la amabilidad debe centrarse, en proveer equidad de oportunidades, con buenas maneras y donde el respeto sea el norte a seguir. ¿Cómo se logra? Lo primero sería que todos lo entendiéramos de la misma manera, lo cual no ocurre y por ende, te impide establecer comportamientos similares con los demás padres. Por ejemplo, en un parque donde solo haya dos columpios y habiendo tres niños candidatos a subir, lo correcto es que ellos, solos, fijaran turnos o en su defecto, alguno de los padres los estableciera. Pero ¿qué suele ocurrir? El tercer niño llora porque no tiene columpio, la madre viene y le suplica (o exige) a tu hijo que le dé el columpio porque *él es más chiquito que tú*, tu hijo, del cual piensas que estás educando bien, le cede el turno esperando que luego de dos mecidas le ceda la oportunidad a él. Pero eso no ocurre. Tu hijo se baja, el llorón deja de llorar, la mamá se retira victoriosa a seguir su revista y tu hijo queda abajo velando el columpio. Tú lo notas, pero tus magos medievales hicieron exactamente lo mismo contigo, así que te llenas de frustración, te retiras, le explicas a tu hijo que no importa, que él es más pequeño y tú lo llevarás a comer helado para olvidar el incidente. ¡ERROR! ¿Cómo podrás de grande explicarle que no renuncie a sus metas por nada, ni por nadie? Antes de llegar al parque, tu hijo debe saber que estas cosas pueden ocurrir, y que antes de bajarse del columpio, deberá negociar con el interesado, o es que dejas que el comprador viva en tu casa antes que te pague su valor. O ¿aceptas un trabajo, sin que te fijen el salario? ¡No! En la vida nada ocurre así, porque eres chiquito, o noble, o tierno, o porque es tu amiguito. ¡No! En la vida tienes que hacer mérito para obtener las cosas, de eso se tratan la equidad, la justicia e inclusive la realidad social.

Es igual que exigirle al niño a darles beso a las "tías" amigas de los padres. Acaso de adulto, tu esposo te exige besar a sus amigos, a sus jefes, a tus vecinos… No! En la vida real, besamos a quien queremos besar; lo que si tenemos que hacer es garantizar los buenos modales. Dar las gracias, los buenos días y el por favor ¡No son negociables! Pero hasta allí. El niño que ve a sus padres, besar a sus padres, besará a sus abuelos! Y así sucesivamente. Los niños aprenden viendo y haciendo. Muy fácil. La amabilidad se enseña con el ejemplo y debe ser construida en la justa medida del respeto social.

o Factor N. Inestabilidad emocional. Este es el que más de cerca debemos vigilar. Todos tenemos momentos de inestabilidad emocional. Lo importante es que los mantengamos con una baja frecuencia. El estar consciente de cómo nos sentimos, es la clave para controlarnos!

En niños con ataques de ira, la respuesta siempre es *'No sé por qué lo hice"*, y es cierto! El no poder entender sus emociones, le obstaculiza el reaccionar de la manera eficiente. Y sigue el círculo de "problemas de conducta". Ahora bien, otro pilar importante para generar el adecuado manejo de las emociones, surge en la primera infancia. Recuerda que las pataletas infantiles pasan de ser la primera forma de comunicación, a la primera manera de manipulación. Lo segundo importante en este aspecto, es que el niño a que se le permiten estas pataletas, aprende que son la única o mejor manera de conseguir las cosas, es decir, que las pataletas se convierten en la única respuesta posible del niño ante cualquier circunstancia. Estas pataletas no corregidas, se convierten en los futuros ataques de ira, o los improperios desmedidos o la incapacidad de mediación de los adultos intolerantes.

El manejo de las emociones, no aplica solamente ante las circunstancias de ira. ¿Qué me dicen del manejo de la tristeza? ¿De la falta de templanza ante los temores? ¿Lo recuerdan? Todo está en la *Magia del Carácter*. ¿Vemos ahora la estructuración de la personalidad? ¿Lo importante del rol de los padres en la generación del engranaje adecuado para la educación o crianza de niños exitosos?

Ciertamente, es fundamental, tener la constancia de los procesos y más que constancia, congruencia. Es fundamental para nuestros hijos que haya una correlación íntima entre lo que dicen papá y mamá (o tutores si es el caso) y lo que hacen entre sí y con los hijos.

Ampliando nuestro cuadro de plan de vida, tendríamos algo así:

Rasgos de la personalidad	Cualidad del hijo	Acción del padre/madre
Factor O	Curioso Valiente Intuitivo	Exponer Cuestionar
Factor C	Observador Constante	Demostrar
Factor E	Orador Extrovertido	Dialogar
Factor A	Bondadoso	Compartir

	Espiritual	Orar
Factor N	Resiliente Creativo	Perdonar Jugar
…	…	…

No temas en equivocarte, trata de llenar tu propio cuadro y trabaja según las acciones que como padres deban seguir. Algunas cualidades que no incluí pero seguro te darán mejores luces son:

- Autonomía
- Independencia
- Coraje
- Perseverancia
- Toma de decisiones
- Capacidad de aprender

La hora de hacer la Magia es ¡ya!

Capítulo VI
Organizando el Lenguaje.

****

"La magia de la lengua es el hechizo más peligroso." Edward George Bulwer Lytton.

****

Les cuento que antes de hablar de lenguaje, tenemos que definir a qué nos referiremos. El lenguaje está definido como el medio de comunicación verbal y no verbal que empleamos para transmitir un mensaje. Que si el canal, que si el interlocutor y toda una serie de información, no pertinente para el tema que nos atañe. De esta simple definición, hay dos elementos en los que nos centraremos: comunicación verbal y comunicación no verbal. Ingredientes básicos en esta poción.

Se estiman que en el mundo hay más de 6000 lenguas diferentes. Si a esa cantidad le sumamos la posibilidad que hay en lenguaje gestual, más la diversidad iconográfica del lenguaje tecnológico… ¡Dios, son demasiadas posibilidades de comunicarnos! Ahora bien, la pregunta no es si tenemos formas de comunicarnos, la pregunta sería en todo caso, ¿Qué tanto nos conectamos?

Nuestros hijos se comunican todos los días con una serie de personas ajenas a nuestro hogar, en la escuela, en el equipo de futbol, en el ballet…en fin, transmiten y reciben información que aparentemente es trivial. Y cada día es más frecuente escuchar a los padres manifestar inquietudes sobre toda la información que sus hijos, no les comentan. Hay comunicación sin conectividad. Por ende el problema no es tanto de comunicación, sino de la efectividad en la misma.

Tristemente, nuestra sociedad, dejó de ser una sociedad de comunicación, para ser una sociedad de información. La diferencia es clara, en vez de ser efectivos en la manera en cómo nos comunicamos, nos importa más cargar con nosotros una pila de información muchas veces no tan necesaria. En general, hemos perdido inclusive la relevancia de los temas que comunicamos, ahora comunicamos el menú del día, el disgusto con el jefe, a cuántos chicos he besado, o con cuántos bailé. Inclusive el vestido que usaré, pero ¿Cuál es el objetivo de todo esto? ¿Estamos enseñando a nuestros hijos la importancia de lo que comunico?

No sé si recuerdan que los Magos Medievales, solían decir *salude, despídase, no diga groserías, recuerde preguntar por la abuelita*; ¡Exacto! Inducían los procesos de comunicación para generar significancia en el contexto social. El arte de comunicarse, era bien enseñado y mejor aprendido. No se discutía lo que podías o no decir, simplemente, seguíamos las recomendaciones. Pero entiendo que los tiempos cambian, la gente también, pero lo que no entendí, es la equívoca concepción que los valores cambian.

Veamos el escenario completo:

Los padres somos los principales garantes de cultivar en nuestros hijos la toma de decisiones, los valores como el respeto, la honestidad y virtudes como la prudencia y la dignidad. ¡Ardua misión! En el plan de vida, diseñamos las acciones a seguir para obtener resultados que se traducen en elementos del carácter que formarán la personalidad de nuestros hijos. Sin embargo, introducimos al plan de vida a la nana, y restamos el respeto o el tiempo de calidad comunicativa y permitimos que nuestros hijos empleen frases como: *Estas loca mamá!, hay no me digas mamá, cállate!* Ninguna como grosería, sino como ícono de la "buena onda" o lo "cool" que es tu hija o peor aún, lo "cool" que eres tú. Entonces, aunque nuestro plan de vida, establezca respeto, en mi lenguaje verbal, permito el irrespeto. Los padres no somos igual que los amigos, porque cualquiera puede ser un amigo, pero no cualquiera es un padre! El tú o el usted, están en un uso frecuente, dependiendo de la cultura familiar; no es relevante usar el tú o el usted, importante es el tono que se emplea y la calidad de mensaje que se emplea. Por ende, un *"mamá usted está loca"* sigue siendo una manera inapropiada del mensaje.

Otro conflicto comunicativo, aunque forme parte de nuestro plan de vida diseñado, es el nivel de fiabilidad o mejor dicho, de la importancia que la fiabilidad tiene en el valor de las palabras. Recuerdan la trillada frase: "palabra de hombre", pues bien, nada tiene que ver con el género, sino con el valor que las palabras tenían en términos de veracidad y confiabilidad. Ahora pensemos, ¿Podemos en estos tiempos, actuar o tomar decisiones con extraños bajo el concepto de *palabra de hombre*?

Esto ocurría, porque los Magos Medievales, solían decir *"dígale a Fulana (la mamá de Fulanito) que digo yo…"* y su lenguaje corporal indicaba la certeza de "me interesa que lo sepa". Resultado final: la completa introyección del hijo, que lo que decía su mamá, ¡Era realidad!

No existía el espacio para mensajes ambiguos. Pero ahora, ¿Cómo lo hacemos? Pues bien, diseñamos el plan de vida, queremos nenes honestos, le decimos que no es correcto no decir la verdad; le decimos, inclusive, que si dice la verdad no habrá castigo (lo cual es tremenda estrategia), pero de pronto, llega la vecina charlatana, a traer todos los chismes del barrio y además incomodando con ese grosero tono de voz y allí estoy yo, encerrada en mi recámara cuando digo: *"Hijo, dígale a la vecina que yo no estoy!"* Sorpresa! Tengo 10 o 1, o no sé cuántos años, diciéndole al nene que sea honesto y que no mienta, pero que lo haga sólo ¿por su madre? ¿Observan que raro se torna todo?

La congruencia en lo que deseo hacer, digo que hago y hago, es fundamental para el desarrollo socioemocional de los niños, al igual que para los adultos. ¿Cómo podemos educar a los chicos en valores diciendo una cosa y actuando de otra?

Quizás los problemas más comunes, en términos de comunicación, que afrontan los padres y madres de familia de este siglo, es el hecho de la falta de administración del lenguaje corporal y la entonación del mensaje. Así, tenemos madres que desean realizar magia a control remoto o por órdenes simultáneas: "Fulanitoooooo (a grito de pulmón inflado) entra a la casa!" Resultados: ¡Nada! O "Fulanitoooo, no toques eso!" Resultados: ¡Nada! O "Fulaanitoooo, vaya a bañarse!" Resultados: Nada! Pero si soy la mamá, doy instrucción, siempre estoy en casa… ¿Por qué no me hace caso? Fácil, no empleas el lenguaje corporal, y abusas del grito. Si en realidad deseas que Fulanito entre, sal a cogerlo de la mano; si no debe tocar algo, párate a su lado e indícale qué es y finalmente si debe bañarse, empieza por preparar el baño! Y lo más importante, en TODOS los casos siempre explícale porqué debe cumplir con lo indicado.

Los gritos son el peor modo de comunicación, después del primer grito, ya el niño no te escucha más. Te extingue perceptivamente. Es importante que al dar instrucciones, conserves un tono de voz autoritario, sin gritar; la mirada fija en sus ojos, procurando siempre la misma altura entre las miradas, pero más importante aún, es que tu lenguaje facial vaya acorde del tono de voz.

Siempre debes ser amable en tu trato, inclusive en los momentos de disgusto. Mi madre me enseñó que la mamá es el corazón del hogar, mantiene la armonía, la dirección, la oxigenación, paz y sobre todo el ¡Amor!

Hay una hermosa frase que aplica en casos de disgusto, y debes enseñarla desde el día uno que conoces a tu hijo. Dice así: *"El verdadero amor consiste en poder enojarse, sin dejar de amarse, así es mi amor por ti"* La aprendí en la primera discusión entre mi esposo y yo cuando aún éramos novios. Venía en una tarjeta que me regaló, lamentablemente desconozco quien la escribió aunque muchos se la atribuyen, si supiera de quien es, tendría que darle las gracias porque su verso, es la clave de mi vida familiar. ¡Ahora te la regalo a ti!

"Esta magia no es un juego al que nos dedicamos por placer o por halago. Piénsalo: en nuestro Arte, cada palabra que pronunciamos, cada acto que ejecutamos es para bien o para mal. ¡Antes de obrar o hablar hay que conocer el precio!" Un Mago de Terramar, 1968.

Capítulo VII
De los Modales de Brujos.

****

"La diferencia entre la técnica y la magia no es sino una variable histórica."

Walter Benjamin.

****

Una de mis frases odiadas de este siglo, y por cierto súper popular, es *los tiempos han cambiado*. Se ha convertido no solamente en una frase popular de aceptación de los distintos procesos tecnológicos, de las revoluciones generadas en comunicación o adelantos en medicina y en temas tan banales como la moda, sino también, es la excusa perfecta para justificar, las atrocidades que ocurren a diario contra los valores cívicos y morales.

Los tiempos cambian, y parte de la magia (la mayor parte de ella) está basada en aquellos aspectos que no cambian: la importancia de la familia, los valores, las virtudes y la humanidad misma! Pareciera que socialmente nos hemos puesto de acuerdo para ir aceptando aquellas modificaciones que a la moral, se ejecutan a diario. Que si las niñas se maquillan antes de los 15, es que los tiempos han cambiado, si los niños le gritan a los padres, los tiempos han cambiado, que legalizar la marihuana, los tiempos han cambiado. Que dejar de tener una religión, los tiempos han cambiado, aceptar embarazos precoces, los tiempos han cambiado! Solo por dar unos ejemplos. Pobres tiempos! Cuánto han cambiado! Cuánto se ha abusado de su reputación, resulta que ahora son los culpables de todo! Pero bien, aquí hay varias cositas que mirar…En primer lugar el tiempo (que no son varios, sino uno solo) es un periodo determinado durante el cual se realiza una acción; no soy de la Real Academia y entiendo que habrá otra definición, pero básicamente es lo que todos entendemos. Por ende, el tiempo no cambia. ¡Pasa! Termina en el momento que concluimos la acción determinada, pero sigue porque es una dimensión física de sucesión de estados. Es decir, que el tiempo no tiene la culpa del porqué de la aceptación social de las acciones que atentan contra la moral y las buenas costumbres.

Veamos algunos casos de la historia…los Magos Medievales, suelen decir esta frase: *"Yo solo tenía que pegarles una mirada…"* refiriéndose a ese mágico momento en el que llegaba una visita para tu mamá y ella volteaba su cabeza, te miraba fijamente por un nano segundo y ¡*Voilá*! Ya no estabas. Primer acto de desaparición logrado. Hoy día, como los "tiempos han cambiado", permitimos que nuestros hijos interrumpan nuestras conversaciones, y es más, les preguntamos sobre el tema para saber bien lo que ocurrió en la escuela, para poder comentar la información correcta con nuestra visita que llegó a comentar sobre lo "horrible que pasó en el colegio" (pero que por horrible que es, debo comentarlo lo antes posible) y henos allí, generando un escenario de inmoralidad y autodestrucción de nuestra reputación ante nuestros hijos. ¿Por qué? Les explico: Los Magos Medievales, tienen la conciencia clara, que había que manejar la información, pero correctamente. Las murmuraciones, las mentiras y exageraciones siempre han existido,

73

al igual que el morbo humano (lamentablemente). Pero había una especie de código secreto, en el que era realmente feo ser la persona que propiciara dichas murmuraciones, jamás podrías permitir que tus hijos supieran que hablabas de la vida de los demás.

Cuando querían saber algo "lo investigaban quedamente" pero nunca permitían que se dijera que *mis hijos dijeron*, y menos ¡preguntarles! Preguntar, era una clara evidencia que te prestabas para destruir la reputación de los demás. Ahora todos sabemos a quién llamar cuando queremos saber algo específico de alguna persona y no falta quien orgullosamente diga, si querías saberlo ¿Por qué no me llamaste? ¡Tú sabes que yo no me pierdo una!

¿Vemos el punto? El sólo hecho de preguntarle a tus hijos delante de los demás, los pone en una situación embarazosa, primero (aunque no te lo diga) se pregunta ¿Por qué mi mamá quiere saber eso? Segundo, se pregunta ¿Dirá mi mamá mis cosas también? (esta pregunta viene en la pubertad), tercero, al preguntar públicamente, admites también que murmurar de los demás es correcto, de otro modo no lo harías. Le enseñas, de manera indirecta, que el generar murmuraciones sobre eventos ajenos a su vida está bien, generando así oportunidades de educarlos en doble moral, la cual es muy peligrosa, pues la doble moral no tiene límites, usas de adulto el "sentido común" para gestionar las acciones de la moral, pero mientras tanto, expones a tus hijos a cometer errores en este sentido. Esto es, debido a que no puedes enseñar los límites de lo correcto e incorrecto, así como tampoco puedes enseñarle cuál es el tipo de información que puede comentar y cuál no. La prudencia está casada con la honestidad. ¿Vemos el punto ahora? Ya dijimos que las murmuraciones (menos elegantemente conocidas como chismes) y el morbo siempre han existido, la diferencia radica en cómo los adultos los administraban y nada tienen que ver con el tiempo sino con la administración de los valores. Los Magos Medievales tenían claro que los niños aprenden con el ejemplo.

Otro caso muy común, es el tema de los castigos. Para lograr la magia, primero usaban el conjuro (plan de vida), se empleaban las pócimas (consejos del día a día) y cuando esto

75

no estaba dando resultados, o intervenían los grandes hechiceros (maestros del colegio) o se recurría a las torturas medievales. Acaso ¿no recuerdan? Veamos algunos ejemplos:

- El correazo silábico con "Matía Moreno" (en la cultura panameña, dícese de una delgada cinta de cuero, generalmente de tres hilos que (no dolía pero picaba). Venía tu madre y simplemente con correíta en mano empezaba: "Te di je que no ca mi nes des cal zo" Resultado 11 consolidadas picaduras de Matía Moreno y una súper claridad de ir a calzarte los zapatos. Era mejor que tu mamá no fuera de muchas palabras. Empleado para los casos de desobediencia.

- La chancla búmeran. Allí estabas tú, contestando una grosería cuando mágicamente sentías un chancletazo en la cabeza, con la consabida pregunta: *¿Tú que dijiste?* A veces no tenían la claridad de la grosería, pero con que no le hubiera gustado tu lenguaje corporal, era suficiente para lanzar la chancla. (Empleado para los casos de irrespeto.)

- Exhibicionismo garantizado. Acompañado siempre de la advertencia: *"Como no salgas a las 12 en punto, entro y te llamo a la puerta"* (nótese que el rango de edad para esta tortura medieval, oscilaba entre los 17 y 21 años). Empleado para los casos que atentaran al pudor y a la obediencia.

- Duchazo con ropa. Esta tortura medieval era 100% eficaz. Las Brujas Medievales, agarraban al muchachito arrebatado con ataques de llanto, ira o frustración o grosería (o como quieran llamarle) y zas, ¡Al agua! Lo metían con todo y ropa debajo de la ducha (preferiblemente de agua fría). ¿Resultados? Fin de la crisis. Todo terminaba en la comprensión por parte del niño que lo que hiciste es incorrecto, luego de un relajante baño y culminaba en quedarse dormidito plácidamente. Nadie murió por ello y lo que sí era garantizado, era que solo pasaba una vez, no había que repetirlo. Empleado ante los casos de groserías, majaderías y similares.

- Cuaderno borrador. Consistía en obligarte a realizar las tareas dos veces. Primero hacías toooodo en el cuaderno de borrador, y luego que estaba todo perfecto, podías pasarlo, bajo estricta supervisión, "en limpio" en el cuaderno correspondiente para cada asignatura. Empleado para los casos de irresponsabilidad, falta de perseverancia, aprendizaje e imagen. Una *tortura* de las más poderosas.

Y así podríamos hablar un libro entero de todas estas estrategias, que en pedagogía conocemos como modificadores conductuales, pero eso nos llevaría otro libro entero. Así que seguimos con los que nos ocupa, los *modales de brujos*. Las *torturas medievales* tenían varias cosas en común y debemos meditar sobre eso:

- Iban orientadas a formar el carácter del individuo.

- Su objetivo primordial, era el fortalecimiento de valores.

- Nadie pedía disculpas después de aplicar una tortura medieval.

- Los magos medievales las aplicaban porque te educaban con el ejemplo. Mamá ya lo había dicho muchas veces antes de aplicar una tortura medieval.

- No atentaban contra la dignidad humana.

- Ni la integridad física.

- Se repetían si y sólo sí, la lección no era aprendida.

- Socialmente no eran cuestionadas. Si una madre la aplicaba, era por algo. Las generaciones pasadas, aceptaban fracasos escolares, pero no fracasos en valores. En estos tiempos, no estoy tan segura.

- No iban "mezcladas" de modificadores tangibles. Es decir, no tenían que recompensarnos con juguetes o premios porque nos corregían por convicción, no coacción.

- Eran perecederas. Dos meses después del último modificador, servía para ilustrar (o recordarte) cómo había sido la última vez.

- No eran recomendadas por los grandes hechiceros, pero sí aplaudidas. El trabajo hogar-escuela, era indiscutible.

Evidentemente, los tiempos pasan pero no cambian. Quienes cambiamos somos nosotros como sociedad, aceptando y "adaptándonos" socialmente a cambios significativos que atentan contra los valores que deseamos para nuestros hijos.

Así por ejemplo, hemos aceptado que niñas de 12 años se maquillen, que las fiestas para púberes empiecen a las 11 de la noche (a esa hora ya deberían estar durmiendo), que se tomen su cervecita a los 13, que las nenas en embarazo asistan al colegio regular, y son solo ejemplos de muchas otras cosas en las que hemos "caído" por falta de identidad individual. Las razones para evitar las situaciones arriba mencionadas son científicas y nada tienen que ver con el ser *open mind* o no. La sexualización de las niñas, hoy en día es un tema muy controversial, porque intentar que una nena, parezca o sea una mujer (por medio del maquillaje o la ropa) implica cambios en su estructura mental, en su auto imagen y por ende, en los objetivos a corto plazo de la niña, ya que se lacera la percepción que tiene de sí misma, al involucrar su valor como persona, en proporción a su capacidad de atracción visual (que más adelante se interpreta como atracción sexual, por parte de la niña).

En el caso de las fiestas, un joven de 14 años, demanda largas jornadas de descanso, porque es durante el sueño, que su cuerpo genera los procesos necesarios para su desarrollo y crecimiento. Adicional, todos sabemos que al ingerir licor mueren miles de neuronas que seguramente a su hijo, lc harán falta si desea ir a la universidad.

Y ni hablar de las nenas embarazadas, no es que haya la obligación de separarlas por el "error cometido", todas las mujeres que hemos estado en periodo de gestación, sabemos que tenemos necesidades muy específicas producto del embarazo, a nivel físico, económico, emocional, social e intelectual. La mentalidad de la mujer embarazada (sin importar su edad) cambia radicalmente durante el embarazo. ¿De qué temas pueda esa niña estar conversando con sus compañeritas? Pero alguien inventó que los tiempos cambian y otros simplemente lo aceptamos…

 Si cada padre se mantuviera en su postura y le explicara a su hijo las razones reales por las que no lo dejará ir a la fiesta de espuma a los 11 años, la fiesta sería un fracaso y no se repetiría, pero nadie quiere tener que decirle NO a su hijo. Nadie quiere afrontar la tristeza del niño o la ira de la niña. ¡Por Dios! Somos sus padres, no sus amigos. Si los niños no necesitaran padres, no habrían nacido del vientre materno. Es la razón por la que las madres, conocemos a nuestros hijos en el parto y no en el colegio. No son nuestros pares, es así de simple.

Decía mi madre que si no tienes el tiempo o las ganas; o simplemente la razón por la cual no autorizas algo no te parece suficiente, siempre tienes el plan B. La respuesta de mi madre a todo proceso: *"Dije que no y punto, soy tu madre y sé que es lo mejor para ti!"* y saben ¿Qué? Siempre tuvo la razón.

Cuando decidieron que los tiempos cambiaban (y aparentemente los valores morales también), y se acuñaron una serie de términos y ciencias y seudo ciencias, trajeron consigo una serie de excusas sociales a los problemas generados por negligencia parental.

No me refiero a aquellos casos que fisiológicamente o neurológicamente puedan asociarse a situaciones patológicas específicas. Me refiero a esos casos por ejemplo de falta de disciplina a la que empezaron a llamar déficit, si va acompañado de una dosis alta de consentimiento, es hiperactividad y si al niño nunca se le estimuló a hacer nada útil es hipo actividad, lo que trae consigo un alto nivel de inmadurez y esta última, sí que es una consecuencia de la falta de motivación. Si nunca se le indujo al niño a enfocarse en una actividad a la vez, el déficit es de atención y si al nene se le permitían los berrinches, ahora es un trastorno de conducta.

No digo que no existan situaciones que ameritan la ayuda científica de especialistas, pero me gustaría mucho poder escuchar a los padres de estos niños con déficit decir: *"Dice la licenciada (o doctora o quien atienda el caso), que yo generé gran parte del problema de mi hijo por la falta (o exceso) de atención que le he dado"*, en vez de *"Mi hijo tiene déficit de atención con hiperactividad"*. Salvo en los casos donde hay compromisos fisiológicos, las conductas de los niños nunca son un problema en sí, son solamente el síntoma de una situación del hogar.

No escribí esto con el ánimo de "golpear" emocionalmente a nadie, ni buscar culpables. El objetivo preciso es que no siga ocurriendo, recuerda que no te conozco y aunque hemos conversado amenamente hasta ahora, solamente tú puedes escuchar tus pensamientos y aclarar tus acciones como padre o madre. Recuerda que así como tus hijos pueden modificar su carácter, tú también puedes hacerlo, con las acciones propicias. Medita sobre las cosas que puedes mejorar en el plan de vida de tu hijo y ¡hazlo! Y si eso implica introducir o eliminar actividades del estilo de vida familiar actual, no lo pienses más. Acuérdate que el tiempo pasa, no cambia.

Si aún no tienes hijos, no debes pensar que es mejor no tenerlos porque así como están las cosas, aparenta ser mucho trabajo. ¡Claro que lo es! Pero es extremadamente delicioso, tener a alguien que al llegar a casa te sonría y diga simplemente *¡Hola mami!* Y ni hablar de las demás cosas. Ser padre, ser madre, es un acto de amor desmedido, siempre y cuando entiendas la responsabilidad que implica y lo disfrutes. Que seas capaz de aprender que si del cielo te caen limones, tienes la opción de buscar azúcar y hacer limonada, buscar tequila y sal o agriarte la vida.

Los *modales de brujos* no arrancan en la pubertad, ni se solicitan en la adultez. Enseñarles a nuestros hijos cómo deben comportarse, así como el aprender a conocer su cuerpo, sus dolores, sus necesidades y sentimientos, es una labor que arranca desde el día 0 y no debe ser un proceso negociable entre padres.

Desde los valores que aplicaremos en casa, pasando por nuestras palabras, hasta las acciones toleradas, deben ser temas de conversación en el hogar. Aprovecha cada situación del día a día, para educar a tus hijos.

Las murmuraciones sobre los problemas que ocurren socialmente, por ejemplo, deben ser empleados como insumos para enseñarles a nuestros hijos los valores, acciones, palabras y hechos que toleramos o no como familia. Son

85

ideales, siempre y cuando les conversemos a los niños analizando por qué fue o no correcto lo que pasó, y cómo se pudo haber mejorado. Los niños deben aprender a ser parte de la solución y no parte del problema. De lo contrario, estaremos fomentando una serie de "Antivalores" que consumirán la imagen, autoestima y carácter de nuestros hijos.

No esperes que llegue el momento adecuado, ¡haz adecuado cada momento!

Capítulo VIII
Subestimar los Poderes

✳✳✳✳✳✳✳✳✳✳✳✳✳✳✳✳✳✳✳✳✳✳✳✳✳✳✳✳✳✳✳✳✳✳✳

"La magia del amor no se encuentra en el ser amado, sino en quien ama" Anónimo.

✳✳✳✳✳✳✳✳✳✳✳✳✳✳✳✳✳✳✳✳✳✳✳✳✳✳✳✳✳✳✳✳✳✳✳

Algunas veces me ha tocado escuchar cosas aparentemente difíciles de entender. Por ejemplo, por qué muchos odian el sistema educativo de sus hijos, pero no los mudan de escuela. O la mala percepción que hay de la comida rápida, pero seguimos consumiéndola. O los daños colaterales de la radiación, pero nadie vive sin wi fi, celulares, tabletas, microondas y no sé cuántas cosas más. Aprendemos que si no puedes modificar la "totalidad" de las cosas, está bien aprender a vivir con ellas. Y a este proceso le hemos denominado erróneamente "evolución". No digo que todos, pero siento que hay una alta población de personas que vivimos "resignados" ante los factores o situaciones que no podemos cambiar. Y aprendemos a vivir con ellos. Esta ha sido tal vez la razón por la que hemos ido "aceptando" esas cositas que en nuestro tiempo estaban mal, pero que ahora nadie reconoce públicamente que están bien. Nuestros hijos nos tutean muchas veces de manera irreverente, y no concretamos modificadores conductuales; ni siquiera les llamamos la atención porque los hijos de mis amigos también lo hacen. O porque no queremos ser los no *"cool"* (por ser gentil en el adjetivo). O sentimos que no es lo que quisiéramos pero ¡todos lo hacen! Entonces, estamos subestimando nuestros ¡poderes! Cómo hacer magia, si considero que el poder está en mis espectadores y no en mí? Los magos (de fiestas) piden "Cooperación del público" pero jamás ceden el sombrero! Y la razón es simple: son ellos los que están facultados para realizar los trucos. Son ellos los que saben cuál es el procedimiento para culminar el acto. Son ellos los que pueden disponer si realizar alteraciones al evento porque son ellos los que saben cuál es el objetivo de la actividad. Entonces de esa misma forma son los padres! Somos nosotros quienes entendemos la razón por la cual esa "amiguita grosera" de Fulanita, no la quiero cerca de mi hija. Somos nosotros como padres los que conocemos el plan de vida que deseamos para nuestros hijos, y no ellos los que nos deben indicar cómo los padres tenemos que actuar Un ejemplo sencillo. Les suena familiar la frase: "Mamá, vete a la casa, búscame el uniforme, tráemelo a las tres y que no se te olviden las zapatillas, ¿ok?" ¿Les suena familiar? Pues bien, todos entendemos el claro mensaje y la evidentemente necesidad de algo que está perdido en el mensaje: El ¡Por favor! Lo triste, no es solamente que lo escuchamos, sino que como robots programados vamos sin pestañar y ejecutamos. No cuestionamos el tono imperativo de la instrucción, no exigimos las palabras mágicas de por favor y gracias y no imponemos ningún modificador conductual ante semejante irresponsabilidad e irrespeto. En el pasado, si no llevabas tu uniforme, no jugabas. Y nadie tenía la opción de dar órdenes a sus padres sobre su ropa.

No digo que no seamos colaboradores de nuestros hijos; si les acompañaremos al deporte no tiene nada de malo llevarle el uniforme, total de todos modos iría a acompañarlo, pero lo mínimo que él o ella debe entender es que los padres no tenemos la responsabilidad de hacerle su maleta deportiva. Tiene que preguntar si no sería molestia que le llevara el uniforme, por favor!

Lo cierto es que nadie puede dar lo que no tiene. Si a los niños no les entregamos, por medio del ejemplo, herramientas de desarrollo social; jamás las emplearán. Y si como padres, no reconocemos estas fallas, puede ser que sea porque yo tampoco tengo estos modales y como quien dice, me toca aguantarme. Sin embargo, si has hecho tu parte y aun así te sientes en desventaja, no lo permitas más. El mago eres ¡tú!

Otro error común, es entregarles el sombrero a los demás padres. Ciertamente, al llegar a la "pre adolescencia" (en mi época no existía este momento del desarrollo, pero ahora es cada día más común) empezamos por un proceso de comparaciones entre las cosas que se permiten en otras casas vs las que permitimos en la nuestra. De pronto descubrimos que les cedimos a otros padres nuestro sombrero de mago, nuestra autoridad ¿por qué? Por la "presión social" como no queremos ser "malos padres" o dejar de ser "cool" con nuestros hijos, empezamos a ceder con lujos, paseos, permisos o compras que si no nos dijeran "soy el único que…." O "todos lo hacen menos yo..." y toda esa serie de pretextos y argumentos sociales que suelen mencionar como una justificación de los procesos; nunca hubiéramos hecho. Pero ¿Hemos pensado alguna vez, que si como padres nos mantenemos firmes a nuestros principios, a nuestras normas, a nuestros valores, mantendremos no sólo la autoridad, sino también mantendremos nuestra sociedad protegida y bien llevada? Los padres sensatos, debemos ser ¡más! Si retomamos el control de nuestras casas, ¡Bingo! Nada más que hacer, porque la moda se origina, de la tendencia y la tendencia se mantiene de la permisividad. Sino, pensemos ¿Cuándo empezaron las fiestas a las 11 de la noche? Cuando los papás empezaron a llevarlos a las 10:45. ¿Cuándo empezamos a permitir tacones antes de los 15 años? Cuando las amigas de mis hijas los usaban. ¿Cuándo decidimos que los niños decidían que comer? Cuando alguien dijo que había que pedirles su opinión. Integrar nuestros hijos en la comunicación familiar, involucra el escuchar sus ideas,, sentimientos, sueños. El qué piensan de nuestra familia, de nuestras vacaciones, de sus futuros…pero hago la salvedad, hay una diferencia abismal entre el mantener una comunicación familiar y llegar al punto de preguntarle a los niños a dónde quieren ir a comer, y es que acaso ¿pagarán ellos? Y si tengo tres hijos y cada uno quiere algo diferente, ¿No les parece un conflicto innecesario?

Nuestro poder mágico de criar, así como nuestro sombrero de mago y nuestra actitud frente a las necesidades de nuestros hijos, no podemos dejarlo en manos de los que piensen los demás, JAMÁS!

"La magia es creer en ti mismo, si puedes hacer esto, puedes hacer que cualquier cosa suceda" Johann Wolfgang von Goethe

Capítulo IX.

Ser los padres que tus hijos merecen.

****

"Esta magia no es un juego al que nos dedicamos por placer o por halago. Piénsalo: en nuestro Arte, cada palabra que pronunciamos, cada acto que ejecutamos es para bien o para mal. ¡Antes de obrar o hablar hay que conocer el precio"

Ursula K. Le Guin

****

Siempre que tenemos conflictos con nuestros hijos, nos queda una sensación de duda. Muchas veces no por la decisión que hayamos tomado, como por el temor de saber qué más

93

vendrá con el devenir del tiempo. Si el problema seguirá, si el problema se agrandará; si nuestros hijos entenderán el porqué de nuestras decisiones. En fin, tenemos siempre la duda de si estamos siendo los papás que nuestros hijos necesitan.

Pues bien, la mala noticia es que esa sensación nunca se desvanece. No es del tipo de sentimiento que desaparece con el tiempo. La buena noticia es que al llegar la madurez de nuestros hijos, ellos nos harán saber si fuimos los padres que ellos necesitaban. Ahora bien, las necesidades humanas, suelen interpretarse dependiendo de las circunstancias.

Procedo a explicar, desde Maslow, son muchos los estudiosos de las necesidades humanas. Algunos las han categorizado, jerarquizado y hasta cuestionado de cultura en cultura. Para los efectos de este capítulo vamos a entenderlas desde las categorías siguientes:

Las necesidades fundamentales son:

➤ Subsistencia (salud, alimentación)

➤ Protección (sistemas de seguridad y prevención, vivienda)

- ➢ Afecto (familia, amistades, privacidad)
- ➢ Entendimiento (educación, comunicación)
- ➢ Participación (derechos, responsabilidades, trabajo)
- ➢ Ocio (juegos, espectáculos)
- ➢ Creación (habilidades, destrezas)
- ➢ Identidad (grupos de referencia, sexualidad, valores)
- ➢ Libertad (igualdad de derechos).

Esto quiere decir, que si entendemos las necesidades desde su componente tangible, son elementos en la vida diaria que cualquiera podría suplir. De allí, mi necesidad que entendamos que nuestros hijos siempre tendrán cosas que necesiten y cosas que merezcan. Tener esta claridad es fundamental, porque es la base de lo que en su adultez, el niño empleará en su toma de decisiones y en sus relaciones humanas.

Por otro lado, está el merecimiento. El cual está descrito como ese derecho de recibir, estando en una situación donde se le deba algo a la persona. ¿Vamos viendo la diferencia? El ser los padres que nuestros hijos necesitan, nos pone en el mismo grado de un tutor o un cuidador, según estas definiciones; pero ser los padres que nuestros hijos merecen, nos pone en una situación sublime, donde como padres les debemos más allá de lo que un tutor o cuidador puede ofrecerles. Acostumbrar a nuestros hijos, a recibir lo que merecen, les enseña desde pequeños a replicar dichos procesos en sus futuras familias y entornos. Se acostumbrarán a recibir lo que merecen y exigirlo a sus pares.

Veamos claramente algunos ejemplos:

Necesidad	Merecimiento
Salud	Que los cuidados en la enfermedad, sean provistos por los padres, no las nanas, prácticas o tutores.
Sistemas de seguridad y vivienda.	Que esa casa, sea un hogar. Cálido, afectuoso. Donde todos nos sintamos "en la guarida".
Familia, amistades, privacidad.	Que la "privacidad" sea por periodos cortos y supervisados. Que las amistades sean bienvenidas en el hogar y que la familia, se comunique con un lenguaje acertivo y afectivo.
Comunicación y educación.	Que nuestro tono de voz sea amigable, afectivo y respetuoso. Y la educación generada sea en

	un sistema educativo congruente con las características de nuestros hijos. No realicemos "fórceps" a sistemas educativos por la necesidad de graduarlos donde soñamos graduarlos.
Participación	Que sea regulada. Si nos extralimitamos en la cantidad de participación que les permitimos a nuestros hijos, tendremos niños metiches y con una "auto concepción" errada de su participación social. Nuestros hijos merecen que les regulemos su participación en la toma de decisiones. ¿Puede escoger que pantalón usará? ¡Por supuesto! Entre los dos pantalones que papá y mamá (o quien esté a cargo) hayan preseleccionado previamente.
Ocio	Que este ocio sea acompañado. No se trata de darles los últimos video juegos (que sabemos no es lo más recomendable), se trata de jugarlos con ellos. La mayoría de los niños que destruyen sus juguetes, nunca tuvieron la oportunidad que les enseñaran a usarlos. Nuestros hijos merecen

	que sus padres dediquen algo de tiempo para jugar, hacernos masajes, cosquillas y sin celulares en la mitad.
Habilidades y destrezas.	Que dichas habilidades sean EXPLORADAS desde las fortalezas y debilidades de nuestros hijos de forma innata y natural. Que no resulten ser el producto de quienes no pudieron desarrollarla pero que ahora la exigen. ¿Siempre te gusto el ballet? Y a tu hija, ¿le gusta? O ¿Está tratando de cumplir con tus expectativas?
Identidad	Nuestros hijos merecen que le valoremos y respetemos su identidad. Si es una niña introvertida, ¡basta ya de exigirle que recite ante toda la familia el día de la madre! Ciertamente el carácter es modificable, pero respetar la identidad de nuestros hijos es obligatorio.
Libertad	Que no sea libertinaje. Poner límites desde la primera infancia, ayudará a generar estructura en el niño. El que logre entender que su libertad termina donde empieza la ajena, es la máxima

de máximas para lograr niños obedientes, razonadores y disciplinados. Lo más importante es que ellos traducen los límites, como atención mientras son pequeños y protección, cuando son más grandes.

Siendo así, lo mejor es ser los padres y madres que nuestros hijos merecen. Trátalos como quieres que los traten sus parejas. Háblales como deseas que le hablen sus esposos, compórtate cómo quieres que se comporten. Dales la atención que deseas que la sociedad le dé. Limítalos para que sepan autorregularse. Exígeles con amor, para que den con amor. Agradéceles para que sean agradecidos. Motívalos para que sean perseverantes. Comparte en su niñez, para que compartan en tu vejez.

¿Cómo te sentirás en el futuro, si acostumbras a tus hijos a no merecer nada?

"La magia está en todas partes.

Alrededor de nosotros."

Capítulo X.

Al dejar el caldero medio vacío.

****

"Aquellos que creen en la Magia, están destinados a encontrarla." Anónimo.

****

Las consecuencias de no ser el padre o madre que nuestros hijos merecen, se resume en una sola frase: *"Si dejas el vaso medio vacío, habrá alguien más que lo llene…"* Nabil Ghais.

Desconozco si la frase es inédita o no. Lo cierto es que sólo la he escuchado viniendo del Sr. Nabil y ha sido un motor fundamental en el aprendizaje de la gestión de la competencia laboral.

Es imposible que vivamos pensando que si no nos hacemos responsables de manera completa e integral, no habrá alguien presto a hacerlo. Y esto en definitiva, aplica en la vida laboral, personal, social, matrimonial, y demás.

Los calderos de magos, no tienen el tamaño de un vaso, esa es la mala noticia. Los calderos son anchos, pesados y si alguien olfatea que nuestra poción está a medio cocer, seguro querrán violentarla. Una buena poción demora en hacerse. Nos toca revolver por días, por años tal vez. Una buena pócima nos toma perseverancia, constancia, paciencia, amor, comunicación, tenacidad, creatividad, análisis de la situación, empatía… ¡Uff! Por lo que lo más inteligente es no descuidar nuestro caldero. Ese caldero que algunos llamarán crianza, o familia o matrimonio o trabajo…No importa la circunstancia que sea, lo más importante es que jamás sea descuidado, pues alguien o algo más, estará presto a llenarlo.

En esta sociedad tan complicada, aparente y lamentablemente, todos o cualquiera está dispuesto a hacer leña del árbol caído. Es otra de las afamadas tendencias…Por ende, los magos debemos estar conscientes de aquellas circunstancias, cosas, personas que estarán dispuestos a llenar nuestros calderos.

Empecemos el estudio.

Si a nuestros hijos no les enseñamos a merecer el respeto, cualquiera podrá irrespetarlo. Es lo que ocurre cuando se vuelven víctimas del *bullying*. Un niño que está acostumbrado a que en la casa lo *subsidien*, es un niño incapaz de defenderse por sí mismo o a sus derechos porque siempre alguien más ha actuado o decidido por él. ¿Cómo funciona el subsidio? Muy fácil, aunque el término no es de mi autoría y francamente desconozco quien lo acuñó, pedagógicamente hablando, (hago la salvedad porque económicamente hablando, es la plaga de los gobiernos latinoamericanos de este siglo) está relacionado con un "exceso de protección". Cuando hablamos de subsidio en el contexto educativo, nos referimos a esa "estrategia" dónde por amor, el padre, madre o cuidador "entrega" por adelantado la solución a los problemas de la vida diaria. Por ejemplo, cuando el bebé aún no ha desarrollado por completo el lenguaje, pero tiene intención comunicativa. El bebé señala a la mamadera del agua y el adulto corre, vuela y contesta *"¿Quieres agua? ¿Quieres la mamadera con agua? O ¿Quieres la mamadera con leche? No te preocupes, ya vi la hora, te toca la leche, coge mi amor."* Y le da la mamadera llena de leche. (Cuando a lo mejor, sólo quería jugar con el recipiente, nunca lo sabremos…) Este tipo de reacción corta la necesidad del niño a comunicarse, porque le subsidiaron la comunicación, sin darle siquiera la oportunidad que repitiera el concepto AGUA.

Cuando ese bebé crece y deja tirados sus juguetes por doquier, viene ese mismo adulto y le dice con la voz más cándida que hayas escuchado: Fulanito, (si, era Fulanito de nuevo), recoge tus juguetes papi…no pasa nada. Fulanito no está escuchando la instrucción (no le interesa). El adulto *subsidiador* pregunta ¿No lo vas a recoger papi? Fulanito, voltea la mirada y el *subsidiador* interrumpe el silencio de Fulanito con un: "No te preocupes cielo, yo lo recojo". Luego, a los 15 años, le pretendo exigir que recoja su habitación.

Las formas de subsidio parental son innumerables pero todas tendrán la misma consecuencia: Disminución del desarrollo de autoestima. ¿Cómo es esto? Pues bien, cada vez que a nuestros hijos les resolvemos previamente los asuntos que debieran resolver por sí solos, el mensaje es claro: "No creo que seas capaz de hacerlo". Y a la primera vez no es algo tan dramático, a la segunda vez le ahorraste el esfuerzo, pero al tercer intento, empieza a ser parte de su realidad, hasta que llega el momento que garantizas que tu hija, sea una perfecta... ¿Incompetente? ¿Inútil? ¿Insubsistente? Sin importar el término que usemos, la moraleja es que al proporcionar todas las respuestas, soluciones y peor aún, decisiones a nuestros hijos; estamos asesinando toda posibilidad que sean personas razonables, auténticas, con toma de decisiones, autorreguladas y autónomas. ¿Es esto lo que quieres para tus hijos?

Al estar limitados en sus habilidades y destrezas, sea por subsidio parental, hiperpaternidad, sobreprotección (como quieras llamarle), lo cierto es que no solo se vuelven incompetentes, lo peor es que se vuelven vulnerables. Vulnerables en una sociedad de tendencias, donde la corrupción está a la orden del día, sin mencionar el sexo irresponsable, el *bullying*, las drogas y esto por mencionar aquellos flagelos sociales típicos.

Pero ya en la adultez, su vulnerabilidad estará gestionada por la falta de carácter, de personalidad, se volverá en el esclavo de las pasiones (ajenas) y por ende, será poseedor de una casi nula ¡autoestima!

La poca o nula autoestima en un ser humano, genera importantes consecuencias y no muy positivas que digamos. Por ejemplo, como estas:

- ✓ *Suelen involucrarse en relaciones tóxicas.* Al poseer una baja o nula percepción de sí mismas, son fáciles de "envolver" con falsedades. No tienen claro el sentido de las cosas que realmente merecen y se conforman con lo poco o nada que sus relaciones infructuosas le den. Pierden el real sentido de lo que valen y ¡merecen!

- ✓ *Evite tareas por miedo a no hacerlo bien.* Es probable que algunas personas participen en pocas actividades por "falta de tiempo", por "falta de presupuesto" o la razón que sea. Me refiero al tipo de persona, que no participa por su fehaciente convicción que no posee los talentos para hacer ¡NADA! Te imaginas un hijo privado de hacer deportes porque nunca lo llevaste a que intentara el fútbol, karate, tenis, ajedrez, karting, halterofilia, sumerjo, lacrosse, lucha, billar, dardos… La lista de Wikipedia clasifica los deportes en 27 categorías diferentes. Cada una con por lo menos 5 opciones diferentes. Es que es imposible que una persona sea mala para ¡todos!

✓ *Decide no involucrarse en muchas tareas.* Esta decisión incide directamente en la vida profesional de cualquier persona. Este siglo se caracteriza por la necesidad de ser una persona polifacética. Lo que la sociedad acuñó como *multitasking.* Sin embargo, ya en el siglo pasado, debíamos ser *multitasking.* O es que recuerdan alguna madre que no fuera costurera, lavandera, enfermera, tutora, consejera, cocinera, narradora de cuentos… y ¡en fin! (Ahora las de ese tipo están casi ¡extintas!) Esto inclusive, impacta en la vida económica familiar. Debes pagar la planchadora, la costurera, la tutora, la psicóloga…vivimos trabajando fuera de la casa, para que nos hagan los trabajos dentro de la casa, y lo peor con nuestros

¡hijos! Si como padres dejamos que alguien más resuelva sus necesidades y merecimientos, alguien más lo hará por nosotros.

✓ *Desarrollan comportamientos negativos.* Debido a la falta de acompañamiento, habrán habilidades y destrezas que no se desarrollarán. Esta ausencia de habilidades debilitan la integración de los valores en el desarrollo de la personalidad, resultado final de la magia de educar. Así es como, el resultado final, será un aprendiz de mago sin constancia, sin perseverancia, sin autorregulación, sin iniciativa, sin tenacidad… ¿Es ese el hijo que soñaste en tu plan de vida?

"El que mucho se ausenta, pronto deja de hacer falta."

Al final del día...

En la magia de educar, hay miles de pócimas por descubrir, estrategias mágicas que compartir y miles de maneras para resolver una situación.

Cada aprendiz de mago, tiene el derecho de ser respetado, protegido, acompañado, orientado, valorado y comprendido de manera individual; como lo que es, un ser único e irrepetible.

Cada aprendiz de mago, tiene el derecho de respetar, de proteger, de acompañar, de orientar, de valorar y comprender de manera individual su entorno, sus familias y sus vidas. El momento de empezar a ayudarles en este mágico momento, es justo cuando decides ser padre o madre. Nuestros hijos sólo nos tienen a nosotros para el logro de todas sus virtudes, de todas sus metas. A nadie más. No siempre será fácil, pero depende de nosotros que sea divertido, sobre todo útil en su desarrollo. Educarlos, es ¡transformarlos! Ver cada día cómo se supera a sí mismo, con sus miedos, sus alegrías, sus propios retos y sus innumerables fortalezas. Imagina el mundo de tus hijos sin ti, ¿aún no están listos? No te preocupes, saber que no están listos sin ti, significa que cada día venidero es otra mágica oportunidad para continuar optimizando sus procesos y cada vez que crees que no podrás haz un alto, recuerda en el plan de vida que tienes para ellos, piensa en cómo lo quieres ver en el futuro y ¡sigue! Sigue adelante soñando el futuro y haciéndolo realidad. Al llegar aquí seguramente notarás que hay un sinfín de cosas más por descubrir en la magia de educar, tendrás preguntas sin respuesta, problemas sin soluciones aparentes…y esto es lo que hace mágica la paternidad o maternidad. El simple hecho que aunque todo está escrito, cada aprendiz de mago es irrepetible; son las acciones, tus acciones como padre o madre, lo que realmente hará posible el éxito de tus hijos. Los hijos al final son, lo que como padres hicimos de ellos.

Ana Gabriella, Jose Félix gracias por existir…Y a todos quienes me dieron la oportunidad de compartir, espero haberles sido útil. Finalmente me retiro recordando a Andrzei Sapkowski, escritor polaco de sagas mágicas, quien escribió:

"La mejor magia para educar, es el amor en su justa medida"

(…yo mientras tanto, seguiré investigando cuál es la justa medida.)

Sabías que... (Algunos chismecitos de este libro.)

- El libro se llamaba originalmente, La magia de educar exitosos. Pero me pareció comprometedor. ¿Qué tal que lo lees y no lo pones en práctica? ¿Será culpa mía si tu hijo no es exitoso?

- Fulanito, era el nombre empleado por mi mamá para determinar a las personas hipotéticas de nuestras vidas. En este libro en especial, me da pena con Fulanito y su mamá, que no tienen la culpa!

- No sabía si escribir papá, mamá, padres y las madres? Qué enredo!

- Igual me pasó con los niños, niño? niña? Hay nooo!

- La mayor parte de este conocimiento, viene de mi padre. Él no lo sabe, pero es tremendo maestro! Y el coraje para escribirle de mi madre, una luchadora incansable.

- En mi familia hubo controversia si el manual era para padres o para hijos. Se preguntaban ¿Para qué el niño necesitaba un manual?, argumentaban que eran los padres quienes lo necesitaban y no sé cuántas cosas más! En serio que no se entendía el título.